CAMPOO 1972

LA

FAMILLE JOUFFROY

PAR

EUGÈNE SUE.

4

PARIS
ALEXANDRE CADOT, ÉDITEUR,
37, RUE SERPENTE.

1854

LA FAMILLE JOUFFROY.

A LA MÊME LIBRAIRIE :

OUVRAGES D'ALEXANDRE DUMAS.

La Comtesse de Charny.	15 vol. in-8.
Mes Mémoires	18 vol. in-8.
Conscience l'Innocent	5 vol. in-8.
Olympe de Clèves	9 vol. in-8.
Un Gilblas en Californie	2 vol. in-8.
Les Drames de la Mer	2 vol. in-8.
Le Trou de l'Enfer	4 vol. in-8.
Dieu Dispose	6 vol. in-8.
Histoire d'une Colombe	2 vol. in-8.
Ange Pitou	8 vol. in-8.
La Régence	2 vol. in-8.
Louis Quinze	5 vol. in-8.
Louis Seize	5 vol. in-8
Le Collier de la Reine	11 vol. in-8.
Le Véloce, ou Alger et Tunis	4 vol. in-8.
La Femme au Collier de Velours	2 vol. in-8.
Les Mille et Un Fantômes	2 vol. in-8.
Les Mariages du Père Olifus	5 vol. in-8.
Les deux Diane	10 vol. in-8.
Mémoires d'un Médecin	19 vol. in-8.
Le Batard de Mauléon	9 vol. in-8.
Les Quarante-Cinq	10 vol. in-8.
La Comtesse de Salisbury	6 vol. in-8.
Le Chevalier de Maison-Rouge	6 vol. in-8.
La Fille du Régent	4 vol. in-8.

Impr. de E. Dépée, à Sceaux.

LA

FAMILLE JOUFFROY

PAR

EUGÈNE SUE.

4

PARIS
ALEXANDRE CADOT, ÉDITEUR,
37, RUE SERPENTE.
—
1854

VIII

La tante Prudence occupait dans la maison de Fortuné Sauval, une jolie chambre, donnant sur le jardin, et fidèle à ses pieux souvenirs, elle conservait toujours l'ameublement maternel tour à tour transporté aux divers endroits qu'elle avait habités, chez M. Jouffroy ou dans la maison de la cour des Coches ; l'on eût dit qu'il existait une sorte d'affinité mystérieuse, de lien sympathique entre la vieille fille et les objets dont elle ne s'était jamais séparée ; ces tentures d'une couleur sévère, ce sombre lit à baldaquin, ces meubles du siècle passé, ces bons vieux livres, amis constants de sa retraite, cette antique pendule qui depuis tant d'années sonnait les heures monotones de la vie mélancolique de la tante Prudence, tout semblait s'harmonier avec sa personne ; de même qu'elle n'avait pas eu pour ainsi dire de jeunesse, de même aussi les progrès de l'âge laissaient peu de traces sur son pâle visage fortement caractérisé ; aucune ride ne sillonnait ses traits, l'on distinguait à peine, çà et là, quelques cheveux gris, parmi ses bandeaux de cheveux bruns, presque entièrement cachés par la garniture de sa grande cornette ; ses yeux perçants s'abritaient sous les verres de ses larges bésicles, et selon son habitude, elle s'occupait de son éternel tricot, lorsqu'elle vit entrer chez elle Marianne et le cousin Roussel ; celui-ci dissimulant à peine l'embarras et la crainte où le jetait cette pensée redoutable : « demander en mariage la tante Prudence, » adressa un dernier regard d'intelligence à la jeune femme.

— Maintenant, le sort en est jeté, — disait le regard de Joseph, — advienne que pourra, je vais fondre tête baissée sur le danger !

Avons-nous besoin de répéter que la vieille fille, ignorant absolument les complots tramés contre son célibat, ne pouvait soupçonner que son amoureux secret eût été livré à Joseph?

La tante Prudence, d'un coup d'œil rapide lancé à travers ses lunettes, *dévisagea* Joseph; remarqua sur son visage, les heureux symptômes de l'affermissement de sa convalescence; elle se sentit complètement rassurée au sujet de la santé de son vieil ami, qu'elle n'avait pas vu depuis plusieurs jours, et s'abandonna en toute sécurité de conscience à sa causticité ordinaire.

— Hé! bonjour donc, cousin Roussel, — lui dit la vieille fille sans interrompre son tricot. — Vous arrivez comme marée en carême. Je suis d'une humeur de dogue... J'ai besoin d'une victime... il faut du moins que vous me soyez bon à quelque chose !..

— Heureux à-propos, — pensa Joseph, — il ne me manquait que cette heureuse circonstance !! La tante Prudence est d'une humeur de dogue... c'est encourageant!

Et contemplant la vieille fille avec attendrissement.

— Chose étrange, — se disait-il, — maintenant que l'attachement de cette pauvre Prudence m'est démontré par tant de généreuses preuves de dévoûment, il me semble lire la bonté de son cœur à travers sa physionomie d'emprunt, pourtant diablement revêche et rechignée en ce moment.

Joseph, absorbé par ses observations et ses pensées, restait muet, ne remarquant pas les regards significatifs de Marianne, et la surprise de la tante Prudence qui reprit, le voyant ainsi demeurer pensif et silencieux :

— Ah çà, cousin Roussel, pourquoi restez-vous là comme un *apoco?* Regarde-le donc Marianne... Est-ce que par hasard sa maladie aurait eu l'inconvénient de lui raccourcir la langue et de lui allonger le nez, à ce pauvre cher homme? Est-ce que tu ne trouves pas qu'il a encore allongé son nez?

— Oh! méchante tante que vous êtes, — reprit en souriant Marianne. — Ne voyez-vous pas que les joues de notre pauvre cousin, ayant beaucoup maigri…

— Oui, oui, — reprit la tante Prudence; grâce à l'amaigrissement de ses joues, son nez s'émancipe, prend ses aises, se développe dans toute sa majesté, c'est un effet d'optique ; l'abaissement des plaines fait l'élévation des montagnes.. Ta remarque est juste, mais ce qui me bouleverse, ce qui me renverse, c'est de voir le cousin Roussel demeurer là muet comme une tanche, lui qui jabottait ni plus ni moins qu'une pie dénichée ! Il ne disait pas souvent grand chose de bon, c'est vrai, mais enfin, par moments, j'aimais encore mieux entendre son jabottement que le tic-tac de ma pendule.

— Tante Prudence, — reprit enfin Joseph, — si je ne parle pas en ce moment, je n'en pense pas moins.

— Ou pas plus… Il n'importe, et à quoi pensez-vous ?

— A une communication que j'ai à vous faire…

— Hé bien, communiquez, cousin Roussel, communiquez.

— La chose est grave...

— Pardi! j'espère bien que vous ne viendriez pas me faire l'affront de me communiquer des sornettes?

— Tante Prudence, j'ai soixante ans sonnés... hélas! bien sonnés...

— Ah! mon Dieu, que c'est touchant, navrant, attendrissant! Voulez-vous bien ne pas me briser ainsi le cœur, vilain homme! Si vous ajoutez par là-dessus, que vous n'avez plus ni de papa, ni de maman, qu'enfin vous êtes orphelin, innocente et pauvrette créature abandonnée... Je fonds en larmes! en eau! Je me change en fontaine comme la nymphe Aréthuse!!

— Cher cousin, — pensait Marianne, — il lui faut vraiment du courage pour aller jusqu'au bout..., ma tante est en verve de raillerie.

— Vous croyez plaisanter, — répondit Joseph à la vieille fille, — et vous êtes dans le vrai... Je suis vieux, les infirmités sont venues avec l'âge. Il me faudra souvent mener une vie retirée...

— Quand le diable devint vieux, cousin Roussel, il se fit hermite.

— Soit, mais il devait furieusement s'ennuyer dans son hermitage; ainsi ferai-je dans mon isolement...

— Allons donc, vous vous créerez d'agréables occupations ! Vous apprendrez à jouer du galoubet... je vous recommande particulièrement le galoubet, c'est pastoral, c'est délectable, sans compter que cette distraction bucolique agacera vos voisins d'une manière abominable... ils accourront tous à la queue-leuleu vous accabler d'injures, ce qui vous procurera journellement la distraction d'une société variée et surtout fort animée; par ainsi, vous n'aurez plus à redouter la solitude; donc suivez mes avis : apprenez à instrumenter sur le galoubet, cousin Roussel !..

— Le conseil est charitable, mais je n'en profiterai point s'il vous plaît, je serai d'ailleurs peu disposé à la musique, ma santé exigera des soins, il me répugnerait de les recevoir de mains mercenaires, en un mot, je désire faire une fin, l'on m'a parlé d'une jeune personne pauvre, mais remplie de qualités solides, je suis décidé à me marier... Elle consent à m'épouser, aussi ai-je voulu, ma vieille amie, vous faire part de ce mariage, ainsi qu'à votre nièce et à Fortuné.

IX

Le cousin Roussel, en instruisant de son prétendu mariage la tante Prudence, l'observait attentivement. Elle fut héroïque, son attitude prouva plus victorieusement que jamais, l'inestimable ressource de son tricot et de ses lunettes, lorsqu'il s'agissait pour elle de dissimuler une émotion soudaine ; le front caché par sa cornette et penché vers ses aiguilles, dont le mouvement fébrile, presque convulsif, pouvait être attribué à l'activité du travail, les yeux complètement abrités sous les larges verres de ses bésicles, la vieille fille ne sourcilla pas, malgré le coup affreux dont son cœur fut brisé, en apprenant si brusquement le mariage de Joseph, non qu'elle ressentît une jalousie ridicule, mais elle comprenait, elle prévoyait que son ami subissant l'influence d'une jeune femme, vivant de plus en plus retiré, goûtant le charme du foyer domestique, devait changer ses habitudes d'intimité, si précieuses à la tante Prudence depuis tant d'années, il ne viendrait plus la voir que rarement, cette longue affection serait, sinon rompue, du moins affaiblie, presque oubliée... Mais loin de trahir sa douleur, la tante Prudence resta impassible en apparence, elle fut, nous le répétons, héroïque, et sans un regard significatif de Marianne, qui seule savait à quelle puissance de contention d'elle-même, pouvait s'élever sa tante, le cousin Roussel eût douté du succès de l'*épreuve*, surtout lorsqu'il entendit la vieille fille, toujours tricotant, toujours la tête penchée sur ses aiguilles, lui répondre, sans avoir laissé un instant d'intervalle entre cette réponse et les paroles qui la motivaient :

— Merci de la communication cousin Roussel... C'est une attention délicaté de votre part, j'y corresponds comme je le dois. Ça me rappelle qu'autrefois vous avez été auprès de moi une manière de truchement de Cupidon, à propos de l'amour de Fortuné pour ma nièce Aurélie (qui, par parenthèse, a tourné comme vous savez), le vif intérêt que vous portiez à la réussite de ce mariage, prouvait singulièrement en faveur de votre judiciaire, mon pauvre cher homme ! il me reste le doux espoir que vous aurez aussi judicieusement choisi pour vous que pour autrui !

— Je crois pouvoir vous assurer, tante Prudence, que vos bienveillantes espérances à ce sujet seront déçues...

— Certainement ! vous êtes un miracle de sagesse, de prévoyance, de prud'hommie, et je ne suis qu'une sotte ; mais, quel âge a-t-elle donc, votre rosière ?

— Elle a vingt ans.

— Vingt ans !... Bel âge, par ma foi ! bel âge !... Ça vous va comme de cire ; vous pourriez être le bisaïeul de votre infante, c'est vénérable...

— Vous comprenez que je n'ai d'autre

prétention que d'être un père pour elle.

— Sans doute, sans doute; ce sera aussi probablement l'innocente prétention de quelque muguet, à l'endroit de vos enfants, si vous en avez... Qu'est-ce que je dis? *Si*... Allons donc! vous en aurez, des enfants... oui... un demi-quarteron de petits Roussel... et de petites Rousselles, tous grouillants et frétillants... Bon homme, souvenez-vous de ma prédiction : Vous aurez beaucoup d'enfants : vous vous mariez assez vieux pour mériter une nombreuse postérité!

— Tante Prudence, j'ai foi dans la vertu de la jeune fille que j'épouse, et...

— Ah! le beau mot! C'est digne de Platon! J'ai foi dans la vertu de celle... et cœtera... et cœtera (il faut ajouter beaucoup d'et cœtera). Mon Dieu! que c'est touchant, la confiance ingénue d'un barbon podagre envers un frais tendron! ça réjouit l'esprit, ça le rend guilleret et gaillard, on a comme un mirage d'une infinité de visions cornues et biscornues, croustilleuses et croustillantes, renouvelées de Bocace et de La Fontaine. A propos, il faudra que je vous les prête, les contes de La Fontaine mon pauvre cher homme! vous les relirez; n'est-ce pas? je me permettrai de recommander à vos cogitations maritales l'aventure du *Cuvier*; la remémorance de ces bons tours vous épargnera, du moins, le désagrément des surprises. Aussi, l'inconvénient que vous savez, échéant... vous pourrez vous dire, en vous frottant le menton d'un air capable : connu!... connu!...

— Tante Prudence, ces railleries sur les maris de mon âge, c'est bien vieux..., bien usé...

— Que voulez-vous, c'est vieux, c'est usé... comme le sujet, cousin Roussel (soit dit sans comparaison pour vous, bien entendu..., je n'oserais) ; seulement, je voudrais bien savoir, quel sensé personnage, vous a fourré ce beau mariage-là dans la cervelle? Je gage que c'est votre monsieur Badinier, ce libertin à barbe grise?

— Je n'ai, à ce sujet, consulté personne.

— Peste? quelle féconde imaginative! Espérons qu'ayant eu l'intention de la chose, vous en embourserez les profits.

— Pauvre vieille amie, quelle verve intarissable! Je passerais des heures à l'écouter!! — se disait Joseph. — Joignez à cet esprit mordant, un rare bon sens, un cœur excellent, dévoué. Ah! Marianne dit vrai : je ne saurais trouver une compagne qui me convînt mieux! avec quel bonheur je finirais mes jours près d'elle! Mais Marianne se trompe sur le résultat de cette épreuve; mon prétendu mariage excite l'impitoyable raillerie de la tante Prudence, sans affecter son cœur; et malgré son véritable attachement pour moi, elle m'accablerait de sarcasmes, si j'osais lui proposer de l'épouser.

Et pendant que la vieille fille, la tête inclinée sur son tricot, le dépêchait à outrance, Joseph, d'un coup d'œil significatif, semblait dire à Marianne :

— Tu vois, la tante Prudence n'est point chagrine de mes projets de mariage ?

— ... Attendez, patience, — répondit le regard de la jeune femme; bientôt ses prévisions se réalisèrent.

La tante Prudence, continuant de tricoter avec une fureur croissante, après sa dernière répartie adressée au cousin Roussel, gardait depuis un instant le silence. Soudain, le mouvement fébrile, convulsif de ses doigts cessa peu à peu, ses mains inertes retombèrent sur ses genoux, et relevant à demi la tête, sans que l'on pût distinguer l'expression de son regard, complètement caché par le miroitement du verre de ses bésicles, elle reprit d'une voix, non plus incisive et moqueuse, mais grave et pénétrée :

— Franchement, cousin Roussel, j'ai, après tout, mauvaise grâce à plaisanter d'un sujet qui, au fond, m'inquiète, m'attriste; sans compter que ces railleries sur le sort des vieux maris ne sont guère convenantes en présence de ma nièce... Heureusement les honnêtes femmes savent tout entendre.

— Rassurez-vous, ma bonne tante, — reprit en souriant Marianne, — je ne me souviendrai pas de ces plaisanteries; mais changeant de ton, ne disiez-vous pas tout à l'heure à notre cousin, que ses projets de mariage vous inquiétaient, vous attristaient?

— En effet, et d'où vient votre inquiétude à mon sujet, tante Prudence ?

— Hé ! mon Dieu, je m'inquiète, je m'afflige, de vous voir sur le point de faire une sottise, mon vieil ami, et qui pis est, une méchante action. Voilà pourquoi, au lieu de railler, je devais vous parler sérieusement... la chose en vaut la peine...

— Je ne vous comprends pas, Prudence ? En quoi est-ce que je fais une sottise et une méchante action ?

— La sottise, c'est de vous remarier à votre âge ; la méchante action, c'est d'abuser de la détresse d'une pauvre fille de vingt ans, à seule fin d'en faire votre femme. Vraiment, pour un homme de bon cœur, de bon sens, et après tout, vous l'êtes, ce n'est ni généreux, ni raisonnable.

— Mais... si elle consent volontairement à m'épouser ?

— Laissez-moi donc tranquille avec votre *volontairement*... c'est de l'indépendance à la façon des gens qui mourant de faim se vendent pour un morceau de pain ! Voyons, mon pauvre ami : Est-ce que la fatuité vous viendrait avec l'âge ? Est-ce que vous allez vous imaginer qu'une fille de vingt ans peut vous aimer pour vos beaux yeux? Est-ce qu'elle ne se sacrifie point en vous épousant? Je veux qu'elle soit, qu'elle demeure honnête femme! Mais mon ami, avouez-le?.. Quel triste sort que le sien? unie à un vieillard qui, dans son naïf égoïsme, la prend comme garde-malade, dans l'éventualité des infirmités qu'il redoute! la fiance par avance à ses maladies futures! Encore une fois, Joseph, vous êtes homme de bon sens, vous êtes homme de cœur... Franchement, est-ce bien? est-ce juste? ce que vous voulez faire là?..

— Pauvre tante! — se disait Marianne. — Malgré tout son empire sur elle-même, son accent est ému, elle souffrait trop pour railler plus longtemps!

— Hé bien, Prudence, s'il faut vous l'avouer, — reprit le cousin Roussel; — j'ai aussi à m'accuser d'avoir eu le tort de railler, en parlant d'un sujet sérieux!

— En quoi avez-vous plaisanté?

— En vous disant que je voulais épouser une jeune fille de vingt ans... Je m'attendais à vos sarcasmes, et comme ils sont toujours infiniment spirituels, je voulais me donner, en les provoquant, le régal de les entendre !

— Vilain homme! Vous me paierez cela! Ainsi, ce mariage était une fable! — reprit la vieille fille, cachant à peine sa joie profonde; — moi qui, donnant dans le piège, avais la candeur d'invoquer à deux reprises le bon sens de ce vieil écervelé! lui qui m'en donnait à garder avec son infante de vingt ans, et ses imaginations conjugales!

— Pardon, Prudence! vous vous méprenez! Je...

— A d'autres! cousin Roussel! Vous ne me prendrez point sans vert, cette fois-ci!

— Je vous assure que...

— Voyez donc ce beau mystificateur ! A peine il peut se tenir sur ses jambes! et voilà qu'il recommence à bouffonner..

— Prudence, encore une fois, vous vous méprenez... ma méchante plaisanterie, ne portait que sur l'âge de la personne que je désire épouser... mes projets de mariage sont réels…! Je vous le déclare sur ma parole d'honnête homme.

— En ce cas! je vous crois, — répondit la vieille fille, d'une voix légèrement altérée, en baissant la tête sur son tricot! — Je vous crois, Joseph!

— Oui! mes projets de mariage sont réels, ma chère Prudence; seulement, je ne suis ni assez fou, ni assez égoïste, pour réduire une pauvre fille de vingt ans à être ma garde-malade! Mon choix est, je crois, honorable, sensé; vous l'approuverez, je n'en doute pas, lorsque vous saurez que la personne dont il s'agit, n'a que quelques années de moins que moi, est douée d'un esprit remarquable, d'un jugement exquis, de qualités solides, et d'un cœur excellent.

— Alors, c'est… c'est différent, — reprit la vieille fille, pouvant à peine, cette fois, malgré son empire sur elle-même, dissimuler sa douleur doublement cruelle; ce mariage, contracté avec une personne d'un âge mûr, douée de qualités sérieuses, ainsi que le disait Joseph, portait un dernier coup à la tante Prudence; il ne s'agissait plus pour elle de se voir préférer une fille de vingt ans, à qui elle ne pouvait disputer les agréments de la jeunesse; mais elle se voyait préférer une femme probablement aussi vieille qu'elle-même, et sans connaître cette rivale inattendue, elle croyait pouvoir, sinon la primer, du moins l'égaler par la solidité du caractère, par l'esprit, et surtout par l'excellence du cœur, depuis tant d'années dévoué à Joseph.

La vieille fille, afin de dissimuler le tremblement que l'émotion imprimait à ses mains, et de cacher les larmes qui obscurcissaient sa vue, reprit activement son tricot, courba de nouveau la tête, en répétant d'une voix dont elle tâchait de raffermir l'accent :

— Alors ! c'est différent, cousin Roussel ! Je n'ai rien à objecter contre un pareil mariage; à l'âge où vous êtes parvenu, l'isolement doit vous peser... vous avez besoin de soins, et... si la personne dont vous parlez, est vraiment digne de....

— Ma tante, vous pleurez! — s'écria soudain Marianne en se jetant au cou de la vieille fille, dont elle fit à dessein, dans ce brusque mouvement, cheoir les lunettes; les yeux de la tante Prudence étaient remplis de grosses larmes, difficilement contenues ; bientôt elles inondèrent son pâle visage.

Le cousin Roussel, à la vue des pleurs de la vieille fille, ne douta plus de la constance, de la vivacité de son attachement pour lui et du chagrin qu'elle ressentait à la pensée de ce prétendu mariage : l'émotion, les larmes le gagnant, il s'écria en serrant tendrement dans les siennes les mains de sa vieille amie :

— Prudence !.. je ne vous ai pas nommé la personne auprès de qui je serais si heureux de terminer mes jours... Cette personne, c'est vous...

— Moi !..

Et les traits de la tante Prudence révélèrent d'abord la surprise, le bonheur ineffable que lui causait l'aveu de Joseph.

— Moi! — reprit-elle d'une voix tremblante, — qu'entends-je? mon Dieu!

— Mon amie... je vous en conjure, passons ensemble, auprès de Marianne et de Fortuné, les jours qui nous restent... Consacrons par le mariage une amitié de trente ans... Je sais avec quel dévouement vous m'avez soigné pendant ma dernière maladie...

— Ah! Marianne.., — dit la vieille fille à sa nièce avec un accent de doux reproche, — Marianne!

— Ma bonne tante, je n'étais pas seule dans votre secret..,

— N'accusez pas Marianne de cette révélation... le médecin m'a tout dit... — reprit Joseph. — Cette révélation touchante a été pour moi un trait de lumière, Elle m'a prouvé votre attachement dont je n'ai jamais douté, Prudence, mais que vous conteniez sous des dehors froids et railleurs!

— Mon pauvre ami, vous n'y songez pas!. m'épouser! laide et vieille comme je suis, ce serait vous exposer peut-être un jour à des regrets. Vous cédez à un premier mouvement de reconnaissance, j'en suis émue..., profondément émue, je ne saurais vous le cacher. Mais — ajouta-t-elle, en tâchant de sourire, — mais, par cela qu'on a rencontré une bonne garde-malade, il ne s'en suit point que l'on doive l'épouser. Soyez donc raisonnable, mon pauvre ami...

— Prudence, si vous me refusez, vous me rendrez le plus malheureux des hommes... Mon Dieu ! avant d'avoir pénétré la profondeur de votre affection, votre esprit, votre rare bon sens, me charmaient ; chaque jour je passais près de vous les meilleurs moments de ma vie. Jugez donc maintenant, combien cette intimité me serait précieuse et douce ! Je vous en supplie, ne me refusez pas !

— Ma bonne tante, laissez-vous fléchir, — ajouta Marianne. — Puis, voyant son mari entrer chez la vieille fille :

— Fortuné, viens te joindre à nous, notre méchante tante repousse les offres de notre pauvre cousin et ne...

— Allons, mes enfants, — reprit la

tante Prudence, avec un sourire plein de douceur et de dignité, en interrompant sa nièce, — je ne vous donnerai pas le spectacle ridicule d'une vieille fille se laissant prier, supplier de consentir à un mariage (si toutefois on peut appeler ceci un mariage...) non moins honorable pour l'époux que pour l'épousée, puisque cette consécration d'une amitié de trente ans, est basée sur une estime réciproque. Ainsi donc puisque vous le désirez, Joseph, je serai madame Roussel... nous vieillirons ensemble auprès de ces enfants..

— Hé bien ! Fortuné, tu entends ? — dit la jeune femme à son mari avec un accent de triomphe ingénu, — notre bonne tante consent à être madame Roussel?

— Est-il possible ? ma petite Marianne arrive à ses fins : *marier la tante Prudence ! !* Ma foi, dès aujourd'hui, je crois aux prodiges! — pensait Fortuné, tandis que Joseph s'écriait dans l'expansion de sa joie :

— Tenez, Prudence ! vous me rendez si content, et grâce à vous, je vois l'avenir si heureux, si paisible, si riant, que j'en suis certain, je vivrai cent ans !...

— J'accepte l'augure de cette longévité de patriarche, mon ami, à la condition que je vivrai seulement quelques secondes de moins que vous...

— Mes enfants, l'entendez-vous, l'égoïste! — dit gaîment Joseph; — comme elle revient vîte à son naturel.

— Mais, à propos d'égoïsme? — reprit en souriant la tante Prudence, — savez-vous que me voici un peu dans la position de ce galant, qui ayant enfin épousé sa maîtresse, chez laquelle il venait régulièrement chaque soir, se disait : « Où est-ce « donc que je vas maintenant aller passer « mes soirées? Moi je me dis : Ah çà! maintenant, qui est-ce donc que j'aurai à taquiner, à ruchonner, à rabrouer, à faire endiabler, puisque j'épouse le cousin Roussel?

— Qui vous ferez damner, tante Prudence? Mais moi! parbleu! Moi, Joseph Roussel!... Vous me ferez tout comme par le passé, donner au diable... Je l'espère bien.

— Vraiment? est-ce que vous croyez

qu'en ménage, une femme peut se permettre de...

— Mais raison de plus... Prudence, une fois en ménage... raison de plus !

— En ce cas, c'est différent, Joseph, et je vous répondrai comme Colinette à la cour : *Excusez not' ignorance là-dedans... Monseigneur !*

— Je vous demande un peu, mes enfants, s'il est possible de rencontrer un esprit plus amusant ? Les oiseaux descendraient, comme on dit, des arbres, pour l'écouter, — s'écria Joseph, s'adressant à Marianne et à son mari, qui riaient de tout cœur des réparties de la vieille fille. — Maintenant, Prudence ! à quand notre mariage ?...

— Pour l'amour de Dieu, mon ami, mêlez-vous de cela tout seul, ne m'en parlez plus. Ce maudit mot : *mariage*, m'apparaît toujours enjolivé de couronnes de fleurs d'orangers, et drapé d'un voile de gaze blanche... Je vous demande un peu, comme cet ajustement correspondrait à mon visage, à ma tournure, à mon âge !... A propos de cela, Joseph, il est entendu que nous nous marions à une heure où il n'y aura pas un chat à la mairie, et que je serai vêtue comme je le suis toujours : en mère Bobie...

— C'est entendu...

— Enfin l'union civile nous suffira, c'est déjà bien assez d'une exhibition conjugale en public.

— Vous prévenez en ceci mon désir, ma chère Prudence. Vous le savez, ma philosophie égale la vôtre. Ainsi donc, je me charge de tout, je ne vous parlerai de rien, le mariage se fera le plus tôt possible. A notre âge, ma vieille amie, il faut se hâter... Je vais en sortant d'ici, m'occuper des bans, prévenir mes témoins... — puis soupirant : — Ah ! Prudence, pourquoi faut-il que mon vieux Jouffroy manque à cette joie de famille...

— Pauvre frère ! — répondit, en soupirant aussi, la tante Prudence. — Pauvre frère !...

— Chère tante, — reprit — Marianne, n'attristons pas cette bonne journée, j'ai le pressentiment que nous reverrons bientôt mon père, ma mère et Aurélie... Alors nous ne les quittterons plus désormais, nous vivrons ici, tous réunis.

— Espérons-le, mon amie, — répondit Fortuné, qui depuis longtemps, ainsi que Joseph et la vieille fille, ne partageait plus les illusions de Marianne ; — espérons-le, ce jour là sera pour nous tous un beau jour.

— A tantôt, Prudence, — dit le cousin Roussel en se levant, et tendant la main à la vieille fille : — A tantôt, car je viendrai m'inviter à dîner chez ces enfants.

— J'allais vous demander de nous faire ce plaisir, — dit Marianne. — Je connais le régime que votre médecin vous a recommandé... il sera ponctuellement observé.

— Et surtout pas d'imprudence, Joseph, ne vous fatiguez pas, ne sortez qu'en voiture, — ajouta la tante Prudence. — Je peux maintenant, sans *me compromettre*, vous faire ces recommandations, en ma qualité reconnue d'ex... et de future... garde-malade...

— Soyez tranquille, de ce jour ma convalescence va marcher à pas de géant. A propos, j'y songe, ma chère Prudence, vous ne voyez aucune objection à ce que Badinier soit l'un de mes témoins? il est, après ce pauvre Jouffroy, mon plus ancien ami?

— Vous pouvez, ce me semble, Joseph, d'autant mieux prendre votre ami Badinier pour témoin, que, Dieu merci, vous ne le prenez point du tout pour exemple, ce vieux Céladon, toujours affolé, selon vous, de quelque belle aux yeux doux, qui mange l'argent du bonhomme en se moquant de lui.

— Que voulez-vous, malgré son âge, il a encore le cœur amoureux, c'est son seul défaut, son unique consolation, sa femme est une véritable harpie, elle lui aurait cent fois arraché les yeux, s'il l'eût laissé faire, c'est une terrible et enragée diablesse!.. Il est d'ailleurs fort galant homme, je le choisis en outre pour témoin, parce qu'en sa qualité de parent du maire de votre arrondissement, il pourra obtenir de lui qu'il nous marie à une heure très matinale, selon votre désir, ma chère Prudence.

— Si votre ami Badinier réussit dans

cette intervention, beaucoup de ses galants péchés lui seront remis. Allons, à tantôt, Joseph, et surtout ne vous fatiguez pas.

— Mon cher cousin, — dit l'orfèvre à Roussel au moment où celui-ci se disposait à quitter la chambre, — appuyez-vous sur moi, je vous conduirai jusqu'au bas de l'escalier.

— Merci de ton offre, mon garçon, elle est inutile. J'ai retrouvé aujourd'hui mes jambes de quinze ans!

— Ce qui n'empêche pas que tu vas donner ton bras à ce frétillant jouvenceau, mon cher Fortuné, à seule fin qu'il ne tombe point sur le nez dans l'escalier, — reprit la tante Prudence, — ah! dam! cousin Roussel, j'ai maintenant des droits sur vous, j'en use... et j'en userai fièrement, je vous en avertis!..

— Madame Roussel, — reprit Joseph avec une gravité comique, — je vous appartiens corps et âme, disposez de moi, et pour vous témoigner ma très humble soumission à vos ordres, j'accepte le bras de Fortuné, sur ce, à tantôt, ma vieille amie.

— Surtout n'oublie pas de lui faire boutonner son paletot jusqu'au menton, lorsqu'il aura monté en voiture, car le fond de l'air est encore frais, — dit la tante Prudence à l'orfèvre au moment où il sortait avec le cousin Roussel.

Marianne restée seule près de la vieille fille, alla s'agenouiller devant elle, passa l'un de ses bras autour de son cou, et lui dit tendrement :

— Ma bonne tante, j'ai à implorer votre pardon et votre indulgence.

— Toi, avoir besoin de pardon, d'indulgence ? C'est une plaisanterie, mon enfant.

— Non... j'ai un grave reproche à me faire.

— A mon sujet ?

— Oui, ma tante.

— Explique-toi ?

— Il y a six ans, vous avez pénétré mon secret amour pour Fortuné. Afin d'attirer ma confiance, vous m'avez avoué que vous aussi, vous avez aimé... vous aimiez encore sans espoir. Grâce à vous, à vous seule, Fortuné m'a aimé.

— Mon enfant...

— Oh ! ne vous en défendez pas, grâce à vous seule, ma tante, il m'a aimée, car sans vous, il n'eût pas découvert, apprécié le peu que je vaux. Je vous devais le bonheur de ma vie, mon unique désir était de faire pour vous, ce que vous aviez fait pour moi... Mais afin d'arriver à ce résultat, il me fallait manquer à ma parole... livrer le secret que vous m'avez confié.

— Ah ! plus de doute maintenant ! Tu as appris au cousin Roussel...

— Combien vous l'aviez aimé... combien vous l'aimiez encore... vos alarmes, vos soins si dévoués, si touchants, durant sa dernière maladie.

— Ah ! Marianne, Marianne...

— J'aurais pu vous laisser ignorer mon manque de parole, cela m'a paru mal... j'ai préféré être sincère et implorer mon pardon, me l'accordez-vous, ma bonne tante ?

— Comment te le refuser, chère enfant, je suis si heureuse... — répondit la vieille fille avec effusion, en serrant la jeune femme entre ses bras.

En ce moment, Fortuné, après avoir accompagné Joseph, rentrait tenant par la main, sa petite fille *Lilie;* elle apportait un gros bouquet de fleurs, qu'elle courut offrir à la tante Prudence comme si elle eût aussi voulu la féliciter sur son mariage. Celle-ci sentit la délicatesse de cette attention inspirée par Fortuné, embrassa tendrement l'enfant, qu'elle garda sur ses genoux, tandis que les deux époux échangeaient un regard de bonheur ineffable.

XI

Le cousin Roussel s'était fait conduire chez son ami Badinier, ancien épicier, puis escompteur, et enfin vivant, comme on dit : de ses rentes. Ce gros et grand homme à large encolure, âgé de cinquante-cinq ans environ, avait l'oreille rouge, les cheveux abondants, crépus, tirant sur le roux, la bouche sensuelle; son masque très caractérisé, rappelait celui du *Dieu des jardins*. L'on ne pouvait guère reprocher à M. Badinier, que son culte trop fervent pour la Vénus aphrodite.

Le cousin Roussel, arrivé depuis un quart-d'heure chez son ami, poursuivait ainsi avec lui un entretien commencé :

— De quelle diable de commission veux-tu me charger là ? tu es fou ! — disait Joseph en haussant les épaules, — y songes-tu ? moi jouer un pareil rôle ? moi... un homme marié, ou peu s'en faut... Tu l'oublies donc ?

— Je sais que tu vas te marier, puisque tu viens me demander d'être ton témoin, et de prier le maire, mon parent, de fixer l'heure du mariage civil, de telle sorte qu'il ait peu ou point de spectateurs ; il en sera ainsi que tu le désires ; mais, enfin, tu es encore garçon... il n'y a aucune objection sérieuse à ce que tu me rendes l'un de ces services d'amitié que l'on se rend entre garçons...

— Comment, entre garçons ?.. Et ta femme ?

— Ma femme, ne compte que pour mémoire ; voyons, je t'en prie, mon bon Roussel... ne me refuse pas cette preuve d'amitié. Tes remontrances seront écoutées, j'en suis certain. *Elle* comprendra qu'après tout, mille francs par mois, sans parler des cadeaux, sont suffisants pour vivre convenablement, et...

— Où vas-tu ? pourquoi te lever ?

— Je crains toujours que *Corisandre* n'écoute à la porte. Elle a, entre autres agréments, l'insupportable défaut d'être curieuse comme une pie!

Ce disant, M. Badinier alla sur la pointe du pied, s'assurer que sa femme ne l'épiait pas, revint près de son ami, et reprit :

— Tu ferais donc comprendre à cette chère prodigue qu'elle doit être raisonnable, ne plus faire de dettes, s'y engager formellement, auquel cas, je consens à payer encore les deux mille francs en question, que tu lui remettras de ma part, en lui déclarant que désormais, elle n'aura pas un rouge liard au-delà de ses mille francs par mois ! N'est-ce pas suffisant? Je lui ai fait en outre meubler un fort joli appartement, j'ai garni son buffet d'argenterie, je paie son loyer (j'oubliais cela). Or, tu m'avoueras pourtant, qu'à moins d'être millionnaire, l'on ne peut faire les choses plus généreusement...

— Soit, mais encore une fois, il me répugne étrangement d'aller donner des conseils d'économie à ta donzelle... C'est ridicule...

— Excepté elle et moi, personne ne saura que tu l'as vue.

— Et lors même que je me résignerais à cette démarche, tu as la bonhomie de croire que lorsque j'aurai engagé ta belle à ne plus faire de dettes, et qu'elle me l'aura promis... elle tiendra sa parole?...

— Oui...

— C'est par trop de crédulité! sans compter que ta demoiselle m'enverra promener!

— Tu te trompes, je suis convaincu qu'elle t'écoutera, si tu parles comme tu sais le parler, le langage de la raison.

— Hé! morbleu! parle-lui toi-même ce langage.

— Est-ce que je ne suis pas cent fois trop amoureux pour cela! et puis, dans ma position, c'est un sujet si délicat à aborder, au lieu que toi...

Mais, s'interrompant, et prêtant l'oreille :

— Je crains toujours que Corisandre n'écoute à la porte...

M. Badinier alla de rechef s'assurer que sa femme ne l'épiait point, entr'ouvrit, puis referma la porte et revint auprès de son ami lui disant :

— Ah! mon pauvre Roussel! quelle femme! que ma femme!.. il y a trois ans, elle avait découvert la demeure d'une charmante écuyère du Cirque à laquelle je m'intéressais, croirais-tu que Corisandre, armée d'une grosse canne, a effectué une descente chez mon écuyère, qu'elle a rouée de coups, après avoir tout cassé dans l'appartement?

— Tout cela est honteux, et devrait du moins te dégoûter de ces tristes liaisons...

— A quoi veux-tu que je passe mon temps? ma maison est un enfer, et je la fuis; je trouve toujours, en rentrant chez moi, ma femme les poings sur les hanches, l'écume à la bouche... Aussi, je cherche des distractions qui me plaisent... Je n'ai pas d'enfants, ma foi, tant pis! courte et bonne! je ne mange que mon bien, après tout, puisque j'ai épousé Corisandre sans un sou de dot...

— J'admets que la vie domestique n'ait pas pour toi de grands charmes, mais à ton âge, on vit plus sagement...

— Que veux-tu... j'adore le beau sexe, l'on ne se refait pas... et puis si tu savais combien elle est jolie...

— Qui?

— Mais *elle*...

— Ah! oui, c'est juste... j'oubliais...

— Enfin, si tu consentais à aller la voir pour lui parler raison, dans son intérêt, tu pourrais faire valoir la reconnaissance qu'elle me doit, puisque, après tout, je l'ai tirée de la misère, et elle n'en était pas à sa première aventure.

— Jeune, jolie et misérable, cela m'étonne, car, ordinairement, ces femmes-là...

— Ces femmes-là... ces femmes-là... celle-là n'est point une femme comme une autre, elle a très bon ton, des manières de dame comme il faut; tiens, justement, ce soir même, je me donne le plaisir de la conduire à une table d'hôte, je suis certain qu'elle éclipsera toutes les autres femmes.

— Comment? tu hantes ces tripôts?

— Cette table d'hôte là est tout ce qu'il y a de mieux, et dans le plus grand genre, elle est très bien composée en hommes, et l'on y rencontre des femmes charmantes.

— Ces maisons sont toujours plus ou moins des coupe-gorges, pourquoi conduis-tu là cette personne, dont tu te dis si amoureux?

— Que veux-tu, elle ne peut fréquenter d'autre société, et une jolie femme aime toujours à montrer une toilette élégante, faire admirer ses excellentes manières, aussi, ma foi! je n'ai pas eu le courage de lui refuser de...

M. Badinier n'acheva pas, la porte de son cabinet s'ouvrit brusquement, et sa femme entra chez lui.

Madame Badinier, âgée d'environ quarante ans, femme de moyenne taille, de formes nerveuses, décharnées, avait une physionomie accariâtre et résolue, ses colères, ses jalousies perpétuelles, infiltrant sa bile dans son sang, sa figure était devenue jaune comme un coing, ses petits yeux noirs mobiles, inquiets, brillaient comme des charbons ardents.

M. Badinier, à l'aspect de sa femme, obéit à un mouvement instinctif presque machinal, prit sa canne et son chapeau, afin de fuir au plus tôt sa maison, tandis que M. Roussel disait courtoisement à la terrible Corisandre :

— Bonjour madame Badinier, comment va votre santé?

— Ma santé? — puis elle ajouta d'un ton de récrimination amère, en montrant son infidèle ; — ce n'est pas la faute à monsieur, si je ne suis pas déjà dans ma fosse!

— Ah! madame? pouvez-vous penser que votre mari...

— Viens-tu, Roussel! — reprit M. Badinier, prévoyant quelque orage, et se dirigeant prudemment vers la porte, viens-tu? Nous sortirons ensemble...

— Comment? — s'écria Corisandre ! — il n'y a pas une heure que vous êtes rentré; vous ressortez encore?

— Oui, chère amie!

— Reviendrez-vous dîner?

—Non, chère amie!

—Très bien! comme hier, comme avant hier, comme toujours! jamais une minute chez vous; il paraît que les pieds vous brûlent ici...

—Adieu, chère amie! Allons-nous-en, Roussel!

— Vous êtes un monstre!

— A la bonne heure! au revoir...

—Vous passez votre vie chez vos drôlesses! vieux libertin que vous êtes...

— Madame Badinier, de grâce, calmez-vous?

— Taisez-vous, monsieur Roussel, vous ne valez pas mieux que mon mari; vous venez le débaucher!

— Moi! juste ciel...

— Roussel, prends mon bras, et laisse-la dire, cette chère amie; cela la soulage, c'est sa santé; viens...

Et tendant son bras à Joseph, qui s'y appuya; il ajouta tout bas:

— Je crains fort que Corisandre ait écouté à la porte; du reste, tu vois quel agréable ménage est le mien.

—N'as-tu donc rien à te reprocher? —

répondit aussi tout bas Joseph, en haussant les épaules? — Il est honteux à ton âge, d'encourir et de mériter de pareils reproches!

— Monsieur Badinier, vous êtes un vieux coureur! un mange-tout! un scélérat! — s'écria Corisandre, hors d'elle-même, en montrant le poing à son mari, qui battait prudemment en retraite du côté de la porte, avec un flegme imperturbable.

— Vous abandonnez, vous ruinez votre malheureuse femme, pour des coquines! — ajouta madame Badinier exaspérée; mais que votre drôlesse d'à-présent ne me tombe pas sous la main; car je la traiterai, comme il y a trois ans, j'ai traité votre écuyère! Je lui arracherai les yeux! aussi vrai que vous me rendez malheureuse comme les pierres!...

— Adieu, chère amie! adieu... — répondit M. Badinier, en reculant devant sa femme, jusqu'à ce qu'il fût à proximité de la porte, faisant alors passer Joseph devant lui; il tourna prestement la clef de la serrure, et laissa Corisandre enfermée à double tour.

XII

Nous devons en prévenir le lecteur, des scènes affligeantes, hideuses, et plus tard, horribles, vont se dérouler, se dérouleront devant lui.

L'inflexible moralité de ce livre, nécessite ces tableaux pénibles; l'inexorable logique du vice, sa fatalité, lorsque le principe du mal l'emporte irrévocablement sur le principe du bien, lorsque le repentir, l'expiation, ne commandent pas l'indulgence et le pardon; l'inexorable logique, la fatalité du vice, disons-nous, porte avec soi, un terrible et souvent salutaire enseignement.

Si le cœur du lecteur se serre, se contriste, en lisant ce qui va suivre; notre cœur s'est serré, s'est contristé en écrivant ces récits douloureux.

Cela dit, passons :

Mademoiselle Clara, ex-femme de chambre de la comtesse de Villetaneuse, avait vu son ambition satisfaite, grâce aux libéralités de Charles Maximilien : elle tenait une table d'hôte *dans le grand genre*, en d'autres termes, un espèce de coupe-gorge *honnête et modéré*, moitié tripot, moitié lupanar. Là, se rencontraient des femmes plus que suspectes; les unes encore dans l'éclat de leur jeune beauté dont elles trafiquaient; les autres, déjà sur le retour, ayant conservé par hasard, quelques débris de leur honteuse opulence, devenues joueuses forcenées, ne quittaient pas les tables de bouillotte ou de lansquenet.

Le personnel masculin, plus varié, se composait de dupes et de fripons.

Les dupes, en grande majorité, appartenaient à diverses catégories :

Les joueurs incurables qui, depuis la très légitime suppression des maisons de jeu, venaient tenter le hasard dans ces antres, où la police opérait souvent des descentes.

Des hommes mûrs ou vieux qui, ainsi que M. Badinier, rencontraient ou amenaient là des femmes entretenues.

Quelques habitués peu libertins, peu joueurs, mais qui trouvaient dans ce lieu douteux, un dîner passable, et le sans-gêne des mœurs plus que faciles de la mauvaise compagnie, déguisée sous une certaine écorce de décorum et de savoir-vivre.

De tous jeunes gens, fils de famille de province, ou héritiers de quelque modeste fortune industrielle, laborieusement gagnée à Paris, qui venaient demander leur premier amour aux courtisannes de haut titre, commensales de la maison.

Enfin, des étrangers peu ou mal recommandés, qui s'imaginaient fréquenter le *beau monde* Parisien, dans ces réunions, où généralement ils étaient présentés par quelque *grec* de fort bonnes façons, dont ils devaient, croyaient-ils, la rencontre au hasard. Naïve erreur, les GRECS, sorte d'affiliation de chevaliers d'industrie, étant généralement très bien renseignés sur l'arrivage des étrangers dans plusieurs hôtels garnis, à l'entour desquels ces brelandiers tendent leurs filets.

Les grecs ou pipeurs au jeu, parfois coupables de crimes ou repris de justice, d'autant plus dangereux que leur courtoisie, leur élégance, souvent même leur parfaite éducation et la distinction de leurs manières, éloignent d'eux tout soupçon de filouterie, les grecs choisissent d'ordinaire les tables d'hôtes, pour théâtres de leurs piperies; l'excitation du vin et de la bonne chère; les œillades lascives de femmes jeunes, belles, brillamment parées, dont quelques-unes sont complices des grecs, enivrent, exaltent la dupe, le jeu s'engage, l'or couvre le tapis, et la dupe sort du tripôt, plumée à vif, saignée à blanc; presque toujours l'oison plumé, candide et bénin, résigné à ce coup du sort, se retire avec sa courte honte; mais parfois aussi, se rencontre d'aventure un mauvais joueur, soupçonneux, rancunier, notre homme va déposer sa plainte chez le commissaire, il en résulte une descente de police dans le repaire, assez souvent suivie de l'incarcération de la maîtresse du logis.

Les organisations vraiment honnêtes, égarées par hasard ou par curiosité dans ces endroits malsains, s'aperçoivent bientôt qu'elles y respirent un air vicié, fétide, malgré le vernis d'élégance des personnes et des choses, de même qu'une exhalaison délétère, ne peut jamais être absolument neutralisée par les parfums les plus violents; loin de là, ce mélange de musc et d'odeur putride, provoque d'invincibles nausées.

Tel était donc l'aspect *moral* de la table d'hôte de Clara, quant à son aspect matériel, il était luxueux, la richesse intérieure de l'appartement, contrastait avec la vétusté de la maison, sombre demeure, presque délabrée, située dans l'une des parties les plus obscures de la rue de la Michodière. Les localités compatibles avec ces sortes de repaires se trouvant fort restreintes; les propriétaires de vastes et nouveaux bâtiments bien éclairés, bien aérés, se montrent peu soucieux d'avoir pour locataires, des teneuses de tripôt, voisinage toujours répugnant aux autres habitants de la maison, ainsi exposés, eux et leur famille, à rencontrer sur les degrés des brelandiers avinés en compagnie de filles entretenues.

L'escalier qui conduisait au logis de Clara, occupant au fond d'une cour le premier étage de la vieille maison, était ténébreux, même en plein jour, et la nuit, à peine éclairé par un quinquet fumeux ; un guichet pratiqué au milieu de la porte d'entrée de l'appartement, servait de poste de guet, à une servante chargée d'examiner les survenants, avant que de les introduire dans le sanctuaire. Apercevait-elle un magistrat de police et sa suite, elle poussait le cri d'alarme :

— *Voilà le commissaire !*

Et elle refermait la chatière.

A ces mots répétés depuis l'antichambre jusqu'au salon, les cartes, les enjeux disparaissaient des tapis verts, pendant que le commissaire, sonnant à tout rompre, maugréant contre le retard calculé que l'on mettait à lui ouvrir, entrait enfin, et surprenait les habitués du tripot, hommes et femmes, candidement absorbés par les chances du loto à un sou, ou se livrant aux naïfs ébats des jeux innocents à l'instar de l'honnête et paisible société du Marais.

La porte tutélaire ouverte, l'aspect changeait.

Au palier sombre, sordide, succédait un antichambre fraîchement peint, garni d'innombrables patères destinés à recevoir les manteaux, les paletots, les chapeaux, les mantelets des commensaux de la table d'hôte, il conduisait à une vaste salle à manger, confortablement meublée, brillamment éclairée; l'une de ses portes donnait accès à un beau salon communiquant d'un côté avec le boudoir, et de l'autre avec la chambre à coucher de Clara, servant aussi de pièce de réception ; le fastueux ameublement de ces pièces, dissimulait à peine leur délabrement primitif; l'inégalité du carrelage, s'apercevait sous les tapis qui le recouvrait ; l'affaissement des corniches, les lézardes du plafond où pendait un lustre, contrastaient avec l'éclat de la tenture de papier grenat et velouté, rehaussé de baguettes de bois doré ; de même aussi, les rideaux de soie contrastaient avec les membrures vermoulues ou déjetées des fenêtres à petits carreaux, à peine closes par leurs grossières espagnolettes de fer, peintes en noir.

Ce jour-là, les habitués de la table d'hôte avaient depuis peu de temps terminé leur dîner ; mais l'on attendait les personnes invitées à la soirée, pour engager les parties de jeu.

Une douzaine de femmes, un nombre d'hommes à peu près égal, çà et là disséminés dans le salon éclairé par deux grandes lampes carcels contenues dans des vases de porcelaine, causaient soit tête à tête, soit en groupes.

Parmi les hommes, deux ou trois sortaient à peine de l'adolescence, le plus grand nombre appartenaient à l'âge mûr, sauf un vieux monsieur à cheveux et à moustaches blanches retroussées. L'on appelait emphatiquement ce monsieur :

Le général. (Presque toutes les tables d'hôte s'enorgueillissent de compter parmi leurs commensaux *un général, un colonel, un commandant,* ou tout au moins un *major* quelconque; quant à la réalité de ces grades, l'annuaire de l'armée peut seul l'établir.)

Quelques vieilles joueuses, fardées jusqu'aux yeux, décolletées jusqu'au bas des épaules; plusieurs jeunes et jolies femmes vêtues avec une extrême élégance, composaient le personnel féminin.

Presque toutes ces dames portaient un nom d'emprunt, harmonieux et sonore, invariablement précédé de la particule aristocratique : Madame DE *Bourgueil*, madame DE *St-Alphonse*, madame DE *Belcour*, etc., etc., etc. Elles avaient généralement des dehors contenus, souvent distingués; car, remarque singulière, basée sur la délicatesse innée de la femme, celle-ci tombant dans la même dégradation que l'homme, conservera toujours sur lui une évidente supériorité, en ce qui touche les apparences, aussi parmi les créatures qui fréquentaient les lieux suspects où nous introduisons le lecteur, presque toutes gardaient un maintien réservé, décent; presque modeste.

Dans le petit nombre d'habitués de la table d'hôte de Clara, qui portaient bravement ou plutôt impudemment leur nom, se trouvait madame Bayeul. Sa présence dans ce tripôt, quoiqu'elle appartînt à une honnête bourgeoisie, s'expliquait par ses mésaventures conjugales.

M. Bayeul avait chassé sa femme de leur demeure commune, non qu'il fût un mari d'humeur ombrageuse, tant s'en faut. Il resta stoïquement indifférent aux désordres de son épouse, jusqu'au jour où celle-ci se permit de lui subtiliser une somme assez considérable dans la charitable intention de payer les dettes de jeu de l'un de ses galants.

Or, autant M. Bayeul se montrait peu soucieux des infidélités de sa femme, autant il se montrait jaloux de ses billets de banque; aussi, la surprenant, ainsi qu'on le dit : la main dans le sac, il lui signifia nettement l'ordre de déguerpir de chez lui dans les vingt-quatre heures; toutefois, afin de se débarrasser à jamais de sa chaste moitié, il consentit à lui assurer un revenu de dix-huit cents francs, la menaçant, dans le cas où ces arrangements ne la satisferaient point, de commencer à l'instant, contre elle, des poursuites judiciaires motivées par de nombreux adultères, dont il tenait entre ses mains les preuves écrites et parfaitement suffisantes pour la faire coffrer à Saint-Lazare, pendant un an ou plus.

Le choix de madame Bayeul ne fut pas douteux ; elle crut d'ailleurs trouver dans ses charmes, dans son effronterie, dans sa complète liberté, les moyens d'améliorer sa position pécuniaire, et fit dès-lors partie de cette classe dégradée, commençant à la femme mariée chassée du toit conjugal en punition de ses scandaleuses débauches, et descendant jusques à ces misérables créatures, que le vice et plus souvent encore l'abandon, la misère, la faim, embusquent le soir au coin des rues sinistres.

Madame Bayeul délivrée de toute entrave, ne fréquentant que la mauvaise compagnie, pouvait s'abandonner, s'abandonnait sans retenue aux excentricités de ses toilettes d'une coquetterie lubrique ; elle ne ménageait plus l'exhibition de ses épaules et de sa poitrine d'une blancheur de neige, que caressaient les longues boucles de ses cheveux d'un blond ardent ; quoiqu'elle eût dépassé sa trentième année, et acquis un léger embonpoint, sa taille d'Hébé était toujours fine, souple, charmante ; son regard effronté, lascif, devenait d'une audace presque cynique, lorsqu'il s'arrêtait sur un homme qui lui plaisait ; mais en ce moment, madame Bayeul causait tête-à-tête avec Clara dans son boudoir.

— L'ex-femme de chambre de madame de Villetaneuse, était devenue fort replète et avait alors environ quarante-cinq ans, la satisfaction d'elle-même et de sa condition, se lisaient sur ses traits épanouis, sa table d'hôte, ou plutôt les profits du *flambeau* (1) l'enrichissaient, elle n'avait eu jusqu'alors qu'un démêlé avec la police, au sujet d'un jeune Russe outrageusement

(1) Le gain des maîtresses de tripot, consiste surtout dans une somme de .. que les joueurs abandonnent à chaque partie, *pour les cartes*.

plumé chez elle, par Angelo Grimaldi. Mais, grâce à la puissante intervention du mari de l'une de ses anciennes maîtresses, Clara avait échappé au tribunal correctionnel et à la fermeture de son tripôt. Tout lui souriait, elle prenait le nom sonore de Madame de Sablonville, *le général*, l'appelait galamment *sa belle amie*, les femmes qu'elle recevait, et dont elle connaissait les secrets, la traitaient avec déférence, les hommes lui témoignaient cette courtoisie banale due à l'habitude d'un certain monde ; enfin, autrefois femme de chambre, elle avait une femme de chambre à ses ordres, une cuisinière, une fille de cuisine, et un domestique qui, aidé du portier, servait à table.

En un mot, Clara après avoir pendant si longtemps obéi au coup de sonnette, se trouvait à son tour maîtresse de maison, et trouvait son sort le plus heureux du monde.

Tel était d'ailleurs l'entretien confidentiel de madame de Sablonville et de madame Bayeul, toutes deux retirées dans le boudoir avoisinant le salon.

XIII

— Ainsi, ma chère, ce n'était pas pour la première fois qu'hier il venait chez vous? — disait madame Bayeul à Clara? — vous le connaissiez donc auparavant?

— Angelo Grimaldi?... Mais figurez-vous, ma petite, qu'il est une de mes plus anciennes connaissances. Il date de la fondation de ma table d'hôte...

— Qu'il est beau, mon Dieu! qu'il est beau! Quel ravissant visage! Quelle délicieuse tournure! Et l'air si roué!... Hier, en le voyant, je suis restée comme éblouie, presque hébétée... je mourais d'envie de lui parler, je me suis approchée dix fois de lui, je n'ai pas osé l'aborder, tant je me sentais sotte, embarrassée... jugez un peu ?... je ne suis pas timide pourtant.

— Hé... hé... c'est une passion qui commence.

— J'en ai peur...

— Et vous avez raison, ma petite !

— D'avoir peur ?

— Oui.

— D'avoir peur d'aimer cet adorable jeune homme ?

— Certes...

— Est-ce que je ne suis pas libre, ma chère ? En ce moment, *je n'ai personne*, et lors même que j'aurais quelqu'un, je sacrifierais tout à Angelo...

— Vous ne me comprenez pas. Je veux dire qu'il est dangereux, très dangereux d'aimer ce beau garçon !

— Pourquoi est-ce dangereux ?

— Ah ! ma petite, on dit : Ne jouez pas avec le feu... Je vous dirai, moi, ne jouez pas avec l'amour d'Angelo.

— Mais encore !...

— Une fois qu'on en tient, voyez-vous, c'est pour la vie... il a comme un charme magique...

— Hé bien! l'on en a pour la vie, tant mieux!

— Mais lui, n'en tient pas pour la vie... une fois son caprice passé, bonsoir! il s'en suit qu'on devient malheureuse comme les pierres... Tenez, j'ai vu ici affolée d'Angelo, une amour de femme : madame de Saint-Prosper, vingt-deux ans, jolie comme un ange, faite au tour, riche de plus de deux cent mille francs, sans compter un magnifique mobilier, vu qu'un Anglais s'était à moitié ruiné pour elle...

— Ensuite?

— Savez-vous comment a fini son amour pour Angelo?.. Au bout d'un an, on repêchait la pauvre femme dans les filets de Saint-Cloud... elle s'était noyée de désespoir de se voir abandonnée par lui, sans compter qu'il lui avait mangé jusqu'à son dernier sou, car on n'a pas seulement trouvé chez elle de quoi la faire enterrer. J'ai payé l'inhumation, ça a été du reste très convenable... trois voitures de deuil, les chasubles galonnées, et au cimetière, une jolie pierre simple, mais de bon goût. Vous concevez... je ne pouvais pas laisser une de mes anciennes habituées, aller à Montmartre, dans le corbillard des pauvres, pour être jetée dans la fosse commune... Voilà, ma petite, ce que c'est que d'aimer Angelo...

— Ce que vous me dites-là, voyez-vous, loin de m'effrayer, me rend encore plus amoureuse d'Angelo... Angelo ! quel nom ravissant ! Il est donc Italien ?

— Tout ce qu'il y a de plus italien ; il a été condamné à mort dans son pays pour affaire politique. Il avait alors dix-huit ou dix-neuf ans... il a pu s'échapper de sa prison.

— Proscrit ! condamné à mort ! Il ne manquait plus que cela pour m'achever !

— Enfin, depuis qu'il a quitté l'Italie, il vit en France, à moins qu'il ne voyage; aussi connaît-il beaucoup de riches étrangers, c'est presque toujours lui qui amène ici les plus gros joueurs.

— Tenez, ma chère, — reprit madame Bayeul, rêveuse, l'œil enflammé, le sein palpitant, — il me semble que je dirais : Être aimée d'Angelo... et mourir !!

— Est-elle exaltée, cette petite, est-elle exaltée !

— Viendra-t-il ce soir ?

— Probablement. A propos, nous aurons du fruit nouveau, une présentation, une très-jolie dame que...

— Vous êtes sûre qu'Angelo viendra ce soir ?

— Mais oui, mais oui... Je vous disais donc que nous aurons ce soir du fruit nouveau : l'un de mes habitués, M. Badinier, me présente sa dame, — dit Clara en se rengorgeant, et elle ajouta d'un ton protecteur. — Je lui ai demandé, bien entendu, avant de lui promettre de la recevoir, si elle avait de bonnes manières, une tenue décente, parce que je ne veux recevoir chez moi, que des femmes *très-bien* ; M. Badinier m'a répondu que sa dame était du meilleur genre, elle s'appelle madame d'Arcueil. Il paraît qu'elle est belle à éblouir, qu'elle a l'air d'une duchesse. Dites donc, ma petite... tenez-vous ferme au moins... C'est peut-être une rivale, si Angelo allait la remarquer ?..

— Etes-vous méchante, allez ! vous n'avez pas pitié de moi... Toute la nuit j'ai rêvé de lui, je perds jusqu'à l'appétit, je n'ai pas pu dîner... vous m'avez dit vous-même, que je ne mangeais rien.

— A propos du dîner, ma petite (je vous dis cela en passant), vous n'oublierez pas que vous êtes en avance de trente-cinq cachets, et de neuf *extras* de vin de Champagne, que vous adorez... (sans reproche). Le tout se monte à cent cinquante-deux francs, tâchez de me régler ce soir mon petit compte, si vous êtes heureuse au lansquenet... sinon, j'attendrai que vous ayez quelqu'un, et...

Clara s'interrompit et s'écria en voyant entrer un nouveau venu dans le boudoir :

— Tiens... monsieur de Mauléon ! C'est un véritable revenant... Il y a des siècles qu'on ne l'a vu...

Mauléon dont les cheveux avaient grisonné depuis son voyage d'Allemagne, était vêtu avec élégance, il salua courtoisement Clara et madame Bayeul, de plus en plus absorbée par le souvenir d'Angelo, et dit à la maîtresse de la table d'hôte :

— Bonsoir, chère madame de Sablonville.

— Bonsoir, cher monsieur de Mauléon, vous arrivez donc de voyage?

— Justement... j'ai un service à vous demander...

— C'est accordé d'avance.

Mauléon, afin de n'être pas entendu de madame Bayeul, se penchant vers l'oreille de Clara, lui dit tout bas :

— J'ai donné rendez-vous à Angelo chez vous ce soir, à neuf heures, elles vont sonner tout-à-l'heure ; j'ai à causer longuement avec lui : soyez assez bonne pour vous arranger de sorte à ce que nous ne soyons pas interrompus?

— Rien de plus facile, venez dans ma chambre à coucher, j'en fermerai la porte, je donnerai l'ordre d'y introduire Angelo en le faisant passer par le couloir de mon cabinet de toilette qui donne sur l'escalier de service. Vous causerez ainsi à votre aise, tant que vous le voudrez.

— Mille grâces, chère Madame. Vous êtes, selon votre habitude, toujours obligeante au possible.

XIV

Angelo Grimaldi, dès son arrivée dans le tripôt, fut conduit dans la chambre à coucher de Clara, où il resta seul enfermé avec Mauléon.

Angelo Grimaldi, dont la beauté vraiment remarquable était rehaussée par les recherches d'une toilette d'excellent goût, digne de la *fleur des pois* des merveilleux, tendit cordialement la main à son ancien complice, et lui dit :

— J'ai reçu ta lettre, j'avais laissé mon adresse à la maîtresse de l'hôtel garni que j'habitais autrefois, une femme *sûre ;* elle m'a envoyé ton billet à ma nouvelle demeure, me voici exact au rendez-vous.

Mais que diable es-tu devenu depuis notre voyage d'Allemagne avec le vieux Corbin ?

— Voyage où, par parenthèse, tu nous a plantés là... Le vieux Corbin allait même jusqu'à te soupçonner de nous avoir vendus...

— C'est absurde...

— Tu n'étais pas venu au rendez-vous, où nous avons été arrêtés, de là ses soupçons ; du reste, la police allemande s'est contentée de nous conduire jusqu'à la frontière ; maintenant, écoute-moi : J'ai une excellente affaire à te proposer ; mais afin de nous recorder, il faut qu'en deux mots je te mette au fait de tout ce qui m'est arrivé depuis notre séparation en Allemagne...

— En deux mots aussi je te dirai tout à l'heure mes aventures...

— Reconduit à la frontière, je suis revenu à Paris ; certaines circonstances me donnaient à penser que cette Catherine de Morlac... Tu sais de qui je veux parler ?

— Oui, elle t'avait autrefois ruiné...

— C'est cela, j'avais donc tout lieu de

croire qu'elle possédait chez elle une somme considérable... Corbin me renseigna sur la mansarde qu'elle occupait dans la même maison que lui, et après de longues recherches, je découvris enfin, cachés en différents endroits, sous le carrelage de la chambre, une forte somme en différentes valeurs...

— Il est incroyable, que riche encore, cette Catherine se soit faite ouvrière.

— Cela m'a aussi paru fort bizarre, mais apparemment touchée de la grâce d'en Haut... et rougissant de son ancien métier, lorsqu'elle a eu retrouvé son fils, Catherine se sera imposé, en manière d'expiation, de vivre pauvre et de distribuer en aumônes l'argent des niais de ma sorte, qu'elle avait jadis exploités; car le vieux Corbin, après mon heureuse découverte, n'a plus douté que Catherine ne fût certain mystérieux bienfaiteur que l'on nommait *le bon génie* de la Cour-des-Coches. Elle mérite, tu le vois, au moins le prix Monthyon.

— Il n'est que les coquines, capables d'idées pareilles! mais enfin, par cette restitution forcée, tu recouvrais une partie de l'argent donné jadis par toi à cette femme. Le tour est piquant!

— J'avais liquidé avec la justice, néanmoins, en raison de la surveillance, j'ai cru devoir quitter Paris, en emmenant une charmante petite femme. J'ai fait ainsi en Suisse un voyage délicieux. Mais à Berne, j'ai abandonné ma compagne, et j'en ai pris une autre. C'était une très jolie femme de chambre anglaise, que j'ai enlevée à ses maîtres; cette circonstance m'a naturellement inspiré le désir de voir l'Angleterre, d'où j'arrive, après y avoir vécu très grandement comme en Suisse.

— Je n'en doute pas... et de cette restitution opérée par toi-même chez Catherine, combien te reste-t-il?

— Cinq cent louis qui seront mon apport dans l'opération que je viens te proposer...

— Nous en parlerons tout à l'heure... mais je dois aussi en deux mots te raconter mes aventures depuis notre séparation : ma belle inconnue de la villa Farnèze, était la maîtresse du prince Charles Maximilien une comtesse, une vraie comtesse de Villetaneuse...

— J'ai vu dans les journaux la mort d'un pair de France de ce nom... le marquis de Villetaneuse

— C'était l'oncle du mari de ma belle... Henri de Villetaneuse.

— Henri de Villetaneuse?... — reprit Mauléon interrogeant ses souvenirs. — Attends donc...

— Tu le connais?..

— Hé! sans doute... il est maintenant des nôtres.

— Vraiment... le comte?..

— Lors de mon dernier voyage en Angleterre, il m'a été présenté dans un *Enfer* (1) de Londres, comme compatriote grec... il arrivait de Californie, où il avait été chercher fortune, sans la rencontrer, on parlait même assez vaguement dans cet enfer d'un coup de main hardi tenté par Henri de Villetaneuse à Rio-Janeiro,

---

(1) On appelle à Londres, *Enfer*, d'infernales maisons de jeu, véritables repaires d'escrocs et de prostituées d'un certain monde.

sur un riche planteur brésilien qu'il avait enivré...

— Eh bien ! mon cher, ce Henri de Villetaneuse a eu de sa femme, en dot, huit cent mille francs, et, en moins de deux ans, il avait tout mangé.

— Je comprends alors comment sa femme est devenue la maîtresse du prince.

— Oh ! c'est tout un roman. Il serait superflu de te le raconter. Il est tout aussi superflu de t'apprendre comment le prince quitta la comtesse pour épouser une princesse de la maison d'Autriche, et confia son Ariane désolée à un certain duc de Manzanarès, afin de la faire voyager et de la distraire ; je ne m'appesantirai pas non plus sur le moyen fort ingénieux mais fort risqué, grâce auquel, après une nuit que j'ai passée enfermé seul dans l'une des chambres de la villa Farnèse, j'ai trouvé moyen, le lendemain, de devenir le compagnon de voyage du duc et de la comtesse, en qualité de secrétaire intime. Voilà pourquoi vous ne m'avez pas revu, car les évènements dont furent suivis votre rendez-vous du soir dans les ruines du château se passaient la veille de mon départ.

— Or, ce duc a été le successeur du prince?

— Non sans peine ; car la comtesse... je la nommerai Aurélie, c'est son nom, poussait loin la délicatesse.

— Quoi... et elle avait été entretenue par Charles Maximilien ?

— Oui et non.

— Que veux-tu dire ?

— Elle vivait dans la villa du prince; il défrayait sa maison, mais il n'aurait jamais osé lui offrir d'argent. Elle payait ses toilettes des débris de sa dot, et se montrait magnifique envers les domestiques. Enfin, lorsque se séparant d'elle, le prince lui offrit un crédit illimité chez son trésorier, la comtesse regarda ce procédé comme un sanglant outrage.

— C'est fort curieux.

— Ce n'est pas tout. Lors de son voyage avec le duc, il restait à madame de Villetaneuse, une somme assez ronde; elle avait absolument exigé de payer sa part des dé-

penses, ne voulant accepter le duc que comme un chaperon, un vénérable cicérone. La comtesse se montrait d'autant plus inflexible à ce sujet (elle me l'a depuis avoué), qu'elle commençait à ressentir de l'amour pour moi, malheureux *proscrit*, devenu, par hasard, secrétaire du duc; celui-ci, voyant dans la délicatesse d'Aurélie un obstacle presque insurmontable à ses projets, fit, en diplomate habile, ce calcul ingénieux : « Lorsque la
« comtesse et sa famille (j'oubliais de te dire que le père et la mère d'Aurélie étaient du voyage)...

— Honnêtes parents !... Continue.

— Donc, le duc se dit ceci : « Lorsque
« la comtesse et sa famille seront à bout
« de ressources, il faudra bien, habituée
« qu'elle est à vivre en grande dame,
« qu'elle écoute mes propositions. » Ensuite de ce profond raisonnement, M. de Manzanarès double et triple les dépenses du voyage avec une prodigalité folle. Nous courions la poste avec quatre voitures, deux courriers et six domestiques. Juge de l'énormité des frais, dont la comtesse

payait sa part. On faisait des dîners extravagants, on demandait les vins les plus rares, la chère la plus exquise, dans les premiers hôtels des villes où nous séjournions. Cela ne suffisait pas à l'impatience du duc, et, afin de précipiter la ruine complette de madame de Villetaneuse il s'imagine de l'associer avec lui pour jouer à la roulette, aux bains de Lucques. La chance le favorise..., en cela qu'il jouait à qui perd gagne..., et, en une soirée, la comtesse voit disparaître tout ce qui lui restait.

— Alors, la belle, moins farouche, est forcée d'accepter les services du duc? et par reconnaissance...

— Il n'en pouvait être autrement. Le duc, d'ailleurs, se conduisait en parfait gentilhomme, en seigneur magnifique. La mère d'Aurélie prit la chose en femme d'esprit; mais le père, bonhomme fort rétif à certaines idées, malgré la plus niaise crédulité, est bien forcé d'ouvrir un beau jour les yeux à la lumière. Il est frappé d'un coup de sang : sa raison, déjà quelque peu obscurcie, se trouble tout à fait, et il tombe littéralement en enfance. Quant à la comtesse, ce premier pas franchi, et habituée au luxe, à une vie princière, elle s'est bientôt et tout doucement résignée à accepter les splendides libéralités du duc...

— Ah çà, et toi ?

— Pendant longtemps je fus réduit au rôle de martyr, de soupirant éconduit, dévorant mes larmes en silence, ou soupirant de temps à autre, une romance plaintive; (... le duc se plaisait fort à me faire chanter...) Enfin, que te dirais-je ? à Naples, j'ai reçu le prix de ma constance, mais tu vas rire... : la possession, loin de me refroidir, m'a rendu amoureux... passionnément amoureux...

— Toi, Angelo ?

— Oui.

— Allons, tu railles.

— Je te dis, Mauléon, que pour la première fois de ma vie, j'ai aimé... aimé avec idolâtrie... aimé comme un écolier, aimé à ce point, que cet amour m'effrayait... aussi lorsqu'il a été rompu, malgré moi, j'ai fini par m'en applaudir. Cet amour me dominait, me possédait follement, je sentais faiblir la trempe énergique de mon caractère.

— Est-ce bien toi que j'entends?

— Hé mon Dieu!... parfois je ne me reconnaissais plus moi-même. Croirais-tu que souvent, le front appuyé sur les mains d'Aurélie, je pleurais en pensant qu'à son insu, cette jeune femme aimait un grec, un voleur, un repris de justice qu'elle croyait proscrit pour une noble cause.

— Toi, pleurer aux pieds d'une femme?

— Oui, je pleurais, et d'autres fois, me révoltant contre ma lâche faiblesse, je voulais éprouver l'amour d'Aurélie, en lui avouant résolument qui j'étais... en lui racontant ma vie...

— J'aurais été jaloux de cette confidence; Angelo, car au fond, j'ignore qui tu es... j'ignore quels étaient tes antécédents avant notre rencontre en prison...

— Peut-être un jour te ferai-je ma confession... entre deux vins... mais je n'osais la faire à madame de Villetaneuse, de crainte de l'épouvanter; cependant elle m'aimait, vois-tu, avec une telle furie, j'avais sur elle tant d'influence, que j'en suis certain, elle m'eût aimé quoique grec...

quoique repris de justice... Ces hésitations de ma part, te montrent quel empire cette passion avait sur moi.

— Quelle idée ! — reprit Mauléon en se frappant le front, — ce serait parfait !

— Que veux-tu dire ?

— Ta comtesse était belle... Angelo ?

— Admirablement belle.

— De bonnes façons ?

— Les meilleures du monde, une distinction naturelle exquise.

— Elle t'aurait suivi partout ?

— Je n'en doute pas.

— Elle t'aurait aveuglément obéi en tout ?

— *Je sens que je ne suis plus moi... mais toi, mon Angelo,* me disait-elle souvent...

— Voilà, pardieu ! la femme qu'il nous faudrait.

— Pourquoi ?

— Pour notre affaire... et où est-elle maintenant la comtesse ?

— Je l'ignore... mais quels seraient donc tes projets ?

— Achève d'abord ton histoire ?

— Le dénouement est fort simple ; un

jour le duc nous a surpris en tête-à-tête, Aurélie et moi...

— C'était dans l'ordre naturel des choses.

— Le duc n'avait jamais eu jusqu'alors le moindre soupçon de notre amour ; il m'affectionnait beaucoup ; sa colère fut contenue, mais profonde ; « Vous étiez
« proscrit, condamné à mort, — me dit-il,
« — je blâme vos opinions politiques,
« pourtant je vous ai sauvé la vie en vous
« mettant à l'abri des poursuites de la po-
« lice autrichienne ; je vous ai donné au-
« près de moi un emploi de confiance,
« je vous ai traité en ami ; vous me
« payez de la plus noire ingratitude.
« Ecoutez-moi bien : nous sommes ici à
« Naples, le gouvernement napolitain, a,
« non plus que l'Autriche, horreur des
« révolutionnaires, si dans deux heures
« vous n'avez pas quitté cette ville, sans
« revoir la comtesse, je vous fais arrêter,
« et vous pourrirez au cachot... »

— Peste ! M. le duc était catégorique.

— De plus il se chargea de faire à l'instant retenir ma place sur un paquebot en partance; je me résignai, connaissant de réputation le *Carcere duro*, je ne pouvais y échapper qu'en faisant constater mon identité, auquel cas, ma position n'eût pas été meilleure; je ne voulus pas cependant quitter l'Italie les mains vides, je profitai du temps que l'on m'accordait pour mes préparatifs de voyage, et connaissant parfaitement les êtres de l'hôtel du duc et le moyen de pénétrer dans son cabinet, je m'appropriai une dixaine de mille francs.

— Tu es homme de précaution.

— A l'heure dite, je sortis de Naples, sans revoir madame de Villetaneuse; j'ignore ce qu'elle est devenue depuis... Les premiers moments de cette brusque séparation furent pour moi affreux, puis, je te l'ai dit, je finis par être presque satisfait d'échapper à un amour qui m'abrutissait. Le paquebot où je pris passage était frêté pour Cadix, j'ai, pendant la traversée, fait connaissance d'un banquier espagnol, il m'a introduit dans les meilleures maisons de Cadix l'on y jouait gros jeu; j'étais en fond, les Espagnols ignorent l'art de filer la carte, j'ai fait là d'excellentes affaires;

une charmante caditane m'a aidé à oublier la comtesse; mais au bout de quelques mois, craignant de voir mon industrie éventée; j'ai cru prudent de ne pas séjourner plus longtemps à Cadix, je suis allé à Séville, à Madrid, et en dernier lieu à Lisbonne, d'où je me suis embarqué pour Ostende, emportant des bénéfices considérables; je voulais aller aux jeux de Spa et de Baden, et homme de hasard... tenter résolument le hasard...

— Quelle faute! lorsqu'on peut diriger à son gré le hasard.

— La faute fut grave en effet, je perdis à la roulette, au trente et quarante, à peu près tout ce que je possédais; je repartis pour Paris après cette *lessive* et me voilà... heureusement la table d'hôte de Clara est une précieuse ressource pour un joueur habile.

— C'est un *en cas*... si l'excellente affaire que je veux te proposer ne te convient pas.

— Quelle est cette affaire?

— Nous ne sommes pas connus à Bordeaux.

— Je n'y ai jamais mis les pieds.

— Ni moi non plus, or il paraît qu'en ce moment, le lansquenet fait rage dans cette bienheureuse ville. Voici donc ce que je te propose : nous partons pour Bordeaux, avec une jolie femme dont toi ou moi serons le mari... Cela pose honorablement, cela permet d'ouvrir et de tenir maison, sans éveiller les soupçons ; nous arrivons en poste à Bordeaux : nous sommes de riches touristes, qui viennent passer quelques mois dans le midi ; nous louons un bel appartement, on se lie vite en province avec les étrangers, ma femme (ou la tienne) est charmante, fait à merveille les honneurs de chez elle ; nous donnons d'excellents dîners, mais nous n'avons aucun goût pour le jeu, cependant, que faire après dîner?.. Quelqu'un propose en manière de simple passe temps, une modeste partie de lansquenet... Nous acceptons, et nous sommes si malheureux au jeu que pendant une quinzaine de jours, nous perdons ; cette perte devenant assez considérable, nous voulons nous refaire, le guignon nous poursuit, nos Bordelais enchantés d'empocher notre argent, de manger nos dîners, dont une jolie femme fort agaçante fait les honneurs, nous proposent généreusement revanche sur revanche, le jeu grossit, s'allume, la chance tourne de notre côté... et alors...

— Le reste va de soi... Ton idée est bonne, il y a beaucoup d'argent à gagner à Bordeaux..... nous n'inspirerions aucune défiance par notre grande dépense, et par la bonne tenue d'une maison de gens mariés.

— Aussi, te disais-je que ta comtesse, nous eût parfaitement convenu pour cette représentation. En ce cas tu aurais été l'homme marié... et moi, l'ami de la maison.

— Certes, en pareille occurrence, Aurélie nous eût été précieuse, grâce à son habitude du grand monde et à ses manières excellentes... Les Bordelais auraient raffolé d'elle, jamais plus séduisant appât n'eût déguisé l'hameçon ; mais je te l'ai dit, je ne sais pas ce que la comtesse est devenue..... je m'en félicite... car si je la revoyais, je serais capable de redevenir passionnément amoureux d'elle, et de perdre tous mes moyens.

— N'en parlons plus, il nous sera d'ailleurs facile de trouver ici, chez Clara, une femme telle qu'il nous la faut. Qu'en penses-tu? toi, qui mieux que moi connais le personnel féminin de céans, car j'arrive de voyage.

Angelo réfléchit pendant un moment et reprit :

— J'ai remarqué ici une certaine petite madame Bayeul, blonde ardente, blanche comme un cygne, hardie comme un page, et faite au tour, son minois effronté, son regard lascif, sa tournure frétillante ont beaucoup de montant ; c'est une de ces endiablées dont l'aspect émoustille les gens froids et regaillardit les gens blasés ; le Bordelais doit être inflammable, la petite Bayeul mettrait le feu à toutes ces têtes méridionales, en faveur de sa gentillesse provocante, ils lui pardonneraient aisément de ne pas avoir des manières de duchesse... ses œillades assassines les distrairaient de leur jeu... et...

—...Et ainsi que tu le disais tout à l'heure,

le reste va de soi ; je te donne donc plein pouvoir pour le choix et l'engagement de notre jeune première, je me fie à ton goût, tu es un garçon de tact et d'esprit.

— Quand partirons-nous ?

— Le plus tôt possible. J'ai conservé ma voiture de voyage, un très beau coupé, nous y tiendrons facilement trois en nous serrant un peu.

— La petite Bayeul a la taille fine et souple, elle ne sera point gênante.

— Tu crois donc pouvoir la décider à nous accompagner ?

— Je t'avouerai, sans vanité (il n'y a pas là de quoi se vanter) qu'hier et avant-hier, cette enragée m'a poursuivie de regards très expressifs ; elle ne m'a pas dit un mot, mais ses yeux disaient tout, elle me suivrait, j'en suis certain, chez le grand diable d'enfer.

— S'il en est ainsi, décide-la ce soir même à nous accompagner, nous partirons le plus tôt possible. Rien ne me retient à Paris... sauf une vengeance... mais il me faudra une heure au plus pour la mener à bonne fin.

— Quelle vengeance ?

— Cette Catherine de Morlac...

— Que diable veux-tu de plus ? Tu l'as dépouillée... en manière de restitution forcée.

— Cela ne me suffit point... Il est étonnant combien je hais cette femme. Je veux la frapper cruellement et à coup sûr... Oh ! cette fois, ma vengeance aboutira... Catherine est sans doute encore employée chez son orfèvre. Il me sera facile de savoir sa demeure, et... dès demain, je serai vengé.

— Mauléon, prends garde, tu joues là un jeu dangereux... elle te reconnaîtra...

— Rassure-toi, j'ai mon projet.

Clara vint interrompre la conversation des deux grecs, et leur dit :

— Ah çà, votre tête-à-tête a assez duré, les parties de jeu s'engagent, le *Hollandais* vient d'arriver, entendez-vous cela, mon cher Angelo ? — ajouta la maîtresse du tripot en jetant un regard significatif au grec émérite : — Le Hollandais vient d'arriver, il veut offrir du punch à ces dames, et jouer un jeu d'enfer.

— Oh! si le Hollandais boit du punch et veut jouer un jeu d'enfer, Mauléon et moi, nous allons le servir à souhait. Rentrons au salon, — répondit le repris de justice, et il ajouta : — A propos, Clara, la petite Bayeul est-elle ici?

— Ah! grand scélérat!

— Hé! hé! elle est drôlette...

— Figurez-vous qu'elle est folle de vous.

— Ah! bah?

— Folle! archi-folle!

— Elle me fait beaucoup d'honneur. En ce cas, ma chère Clara, ayez donc l'obligeance de lui dire que j'aurais deux mots à lui dire, et de me l'envoyer ici...

— Mais le Hollandais est au jeu...

— Rassurez-vous, je le rejoins bientôt, je n'ai, je vous le répète, que deux mots à dire à la petite Bayeul.

— Tenez, je suis trop bonne, monstre que vous êtes!! Attendez ici un moment, je vais vous envoyer votre belle, qui ne s'attend guère à cet entretien... quelle surprise pour elle!! Savez-vous qu'elle est capable de se trouver mal de saisissement. Pauvre femme... encore une victime!

Clara et Mauléon sortirent de la chambre à coucher dont la porte resta ouverte.

Au bout de quelques instants, madame Bayeul, prévenue par Clara, courut retrouver Angelo, émue, palpitante, et en proie à la plus vive émotion.

En ce moment, Aurélie, comtesse de Villetaneuse, entrait dans le salon du tripot en compagnie de M. Badinier.

XV

La comtesse de Villetaneuse dans ce tripôt !

Aurélie, tombée jusques à la honteuse condition de femme entretenue !

La chute est effrayante ! si par la pensée l'on se reporte à six ou sept années de là...

Honnête et heureux temps ! jours paisibles et riants !!

L'ancien négociant et sa femme, riches des fruits légitimes de leur industrie, haut placés, considérés dans la bourgeoisie, goûtant les douces joies de la famille, affermis dans la pratique du juste et du bien, dans l'amour de la simplicité, par les excellents avis de la tante Prudence et du cousin Roussel, cœurs dévoués, esprits pleins de bon sens, âmes droites, caractères solides et sûrs. Les heureux époux ont deux filles, l'une faisant oublier ses disgrâces physiques par des qualités touchantes; l'autre d'une beauté éblouissante et d'un naturel exquis; elles s'aiment tendrement; elles sont pures, ingénues, douées des plus aimables vertus.

Aurélie rêve parfois (innocente rêverie alors...) un avenir splendide comme sa beauté.

Marianne, rêve un avenir modeste, elle!

Madame Jouffroy, dont la vanité maternelle ne fait que poindre, se montre vigilante ménagère, femme de tête et de vouloir; elle a, par son bon ordre domestique, par son activité commerciale, puissamment concouru à la fortune de son mari, et tous deux, l'heure du repos venue, en jouissent avec la satisfaction que donne le devoir accompli.

Monsieur Jouffroy, gai, ouvert, fait oublier sa faiblesse à force de bonté; ses jours s'écoulent riants, paisibles, honorés.

Et maintenant quel abîme de maux, de larmes, de ruine, de honte, d'abjection, sépare le présent du passé !..

Ah ! c'est que la *vanité* est l'un de ces virus lents, subtils, incurables, terribles, qui corrompent l'âme et la gangrènent à jamais.

La *vanité* maternelle de madame Jouffroy, infiltrant ses poisons dans l'âme d'Aurélie, elle avait *par vanité*, préféré à l'orfèvre Fortuné Sauval, le comte de Villetaneuse.

Par vanité, elle avait accueilli les consolations de Charles Maximilien.

Par vanité, plus encore que par la crainte de la misère (les bras de Marianne et de son mari eussent été ouverts à la comtesse, elle le savait); *par vanité*, elle avait passé des bras du prince dans ceux du duc de Manzanarès...

Par vanité enfin (vanité relative), elle s'était vendue à M. Badinier, afin de retrouver, grâce au luxe de cette honteuse liaison, quelque reflet de l'opulence dont elle avait joui, soit au temps de son mariage, soit alors qu'elle était la maîtresse de Charles Maximilien ou du duc de Manzanarès, abjection d'autant plus criminelle de la part d'Aurélie, qu'elle et sa mère, coupable d'une tolérance doublement infâme, auraient trouvé auprès de Marianne et de Fortuné, sécurité pour le présent, indulgence et oubli pour le passé.

Mais la *vanité* de madame Jouffroy, se révoltait à la pensée de se rapprocher de la tante Prudence, sa belle-sœur, dont les prévisions se réalisaient si terriblement.

Mais la *vanité* d'Aurélie, se révoltait à la pensée de l'existence humble et retirée qui l'attendait chez sa sœur.

Pour concevoir par quelle successive et prompte dégradation du cœur et de l'esprit, Aurélie, chaste jeune fille, puis épouse d'abord irréprochable, avait tombé si rapidement de chute en chute, jusqu'à la condition de femme entretenue. Il faut se pénétrer de cette vérité : « Que si dans « l'ordre physique, la rapidité de la chute « des corps est proportionnelle à leur pe- « santeur. Il en est de même dans l'ordre

« moral : la rapidité de la chute des âmes
« est proportionnelle au poids de l'infamie
« qui, se multipliant par elle-même, les
« précipite à l'abîme avec une vitesse ef-
« frayante. »

Ou si l'on préfère cette comparaison :

« La plus légère déviation du droit che-
« min, entraîne toujours forcément, fata-
« lement, d'incommensurables écarts de
« conduite, lorsque la conscience a été
« impuissante à refréner une déviation pre-
« mière. »

Disons-le cependant, l'irrésistible besoin des vaniteuses jouissances du luxe, n'avait pas seul conduit Aurélie à sa perte, son père et sa mère s'étaient dépouillés pour la doter. Aussi, lorsque les derniers débris de sa dot et de leur fortune furent dissipés durant son voyage d'Italie avec M. de Manzanarès, madame de Villetaneuse se voyant sans ressources, ainsi que ses parents, elle accepta les offres du duc, autant pour continuer de vivre dans l'opulence, que pour épargner aux siens les privations, la misère, auxquelles leur ruine les condamnait.

Le même sentiment dicta la conduite d'Aurélie à l'époque où, de retour en France, après sa rupture avec M. de Manzanarès, elle fut réduite à consentir aux propositions de M. Badinier.

La rupture de M. de Manzanarès et d'Aurélie avait eu pour cause son amour pour Angelo.

Étrange et fatal amour!

Lors de la première rencontre de la comtesse de Villetaneuse et du malfaiteur complètement inconnu d'elle, il prend vaillamment sa défense, et provoque Fortuné qui reprochait à sa cousine d'être la maîtresse du prince. Ce jour-là même, Aurélie revoit Angelo, il se jette à ses pieds, lui déclare son amour, se donne pour un condamné politique fuyant l'échafaud ; les malheurs, la beauté, l'accent passionné, la voix vibrante du *proscrit*, dont la comtesse avait déjà subi le charme, en l'entendant chanter au loin, la troublent malgré elle, l'impressionnent profondément ; désespérée, indignée de l'abandon de Charles Maximilien, blessée dans sa tendresse, blessée dans sa vanité, pleurant ses illusions perdues, cruellement malheureuse elle-même, elle se sent touchée du sort de ce malheureux, si jeune, si beau, si éperduement épris d'elle ; cependant elle lutte contre cet intérêt naissant, la nuit venue, elle va trouver le repris de justice dans la chambre où il était demeuré caché, exige de lui, malgré ses larmes, ses prières, qu'il sorte de la villa, et afin de lui enlever tout espoir, elle lui apprend qu'elle part au point du jour pour l'Italie avec le duc. Usant de ce renseignement, voulant à tout prix se rapprocher de la comtesse, Angelo prend une résolution hardie, devance sur la route les nombreux équipages de M. de Manzanarès, et se jette sous les pieds des chevaux au risque de se faire tuer ; il est seulement blessé : on le recueille, selon son secret espoir, dans l'une des voitures du duc, et désormais il fait partie de la suite en qualité de secrétaire.

Le grec voit ainsi chaque jour Aurélie ; il ne lui cache pas que c'est au péril de sa vie, qu'il est parvenu à se rapprocher d'elle, il la supplie de garder le secret sur leur première entrevue, jurant que jamais un mot d'amour ne s'échappera de son cœur, il subira discrètement son martyre, trop heureux de jouir parfois de la présence de la comtesse.

La feinte résignation d'Angelo, sa tristesse, douce et contenue, l'agrément de son esprit, la grâce, la dignité de ses manières, son rare talent de chanteur, que le duc se plaisait à mettre en évidence, car, séduit par l'insidieuse habileté de son protégé, lui témoignant un cordial intérêt, il le louangeait chaque jour devant la comtesse, tout enfin, concourt à développer en elle son penchant pour Angelo ; enfin, elle l'aime, sa liaison vénale avec le duc, déjà si honteuse, devient plus honteuse encore..., Aurélie trompe ce vieillard.

L'une des plus terribles conséquences du vice, est que sa lèpre s'étendant à tous les sentiments de l'être corrompu, leur communique une ardeur âcre et dévorante.

Telle fut la passion d'Aurélie pour ce grec, cet escroc, ce repris de justice, dont elle ignorait, d'ailleurs, les abominables antécédents.

Cette passion toute nouvelle, n'avait aucune analogie dans le passé de madame de Villetaneuse ; épouse irréprochable jusqu'au jour de sa liaison avec Charles Maximilien, qu'elle aimait plus encore comme prince que comme amant, mais qu'elle aimait du moins fidèlement, loyalement, sans dissimulation, ni réserve; elle connut donc pour la première fois lors de sa liaison avec Angelo la contrainte, le remords, la honte dans l'amour; il lui fallait ruser, mentir, se tenir sans cesse en garde contre elle-même, surmonter l'éloignement que lui inspirait le duc, puisque le quitter pour suivre son amant, pauvre et proscrit, c'eût été s'exposer, elle, son père et sa mère, à une misère profonde.

Cette vie inquiète, agitée, opulente, mêlée, çà et là, de transports d'une passion frénétique, eut pour Aurélie l'attrait fatal et pervers, que les difficultés vaincues, les fourberies triomphantes, les voluptés ardentes et mystérieuses exercent sur les femmes déjà dégradées; leur passion s'alimente de tous les sacrifices que la nécessité leur impose, et il en est d'odieux..., pour une femme amoureuse, si dépravée qu'elle soit.

Enfin, vint le jour où M. de Manzanarès, surprit Aurélie et Angelo en tête-à-tête; le duc, faible comme un vieillard très épris, et certain de l'éloignement de son rival, offrit à la comtesse *son pardon*, si elle voulait lui promettre de se mieux conduire à l'avenir ; désespérée du départ d'Angelo qu'elle aimait avec frénésie, révoltée de ce mot *pardon*, prononcé par le duc, elle lui répondit que désormais, il lui ferait horreur, et repoussa dédaigneusement ses offres, oubliant, dans l'exaspération de son désespoir, qu'elle et sa famille se trouvaient sans ressources.

Le duc, blessé au cœur, se conduisit néanmoins en galant homme; il rompit avec la comtesse, fit remettre à madame Jouffroy une somme destinée à sa fille, somme plus que suffisante pour subvenir aux frais de leur retour en France, et à leurs besoins pendant quelque temps. Madame Jouffroy, instruite des causes de la rupture de M. de Manzanarès, accabla sa fille de reproches, éclata en malédictions contre Angelo ; de violentes altercations à ce sujet s'élevèrent entre ces deux femmes, et se reproduisirent souvent depuis ; mais désormais liées l'une à l'autre par la solidarité de leur ignominie, ne pouvant renoncer d'ailleurs à de longues habitudes d'affection, elles partirent ensemble pour Paris avec M. Jouffroy.

Ce malheureux, malgré sa bonhomie naïve, et quoiqu'il eût horreur de croire à l'opprobre de sa fille et à la criminelle complicité de sa femme, dut enfin ouvrir un jour les yeux à l'évidence. Ne pouvant plus alors douter qu'Aurélie, après avoir été la maîtresse de Charles Maximilien, devait aux libéralités de M. de Manzanarès, l'opulence dont elle jouissait, M. Jouffroy fut, pour la seconde fois, frappé d'un coup de sang, suivi d'une paralysie partielle du cerveau. De ce moment, son intelligence, déjà obscurcie, s'éteignit tout à fait, il perdit la mémoire, son état mental fut désormais celui d'un vieillard en enfance, inoffensif, doux et docile ; il partit avec sa femme et sa fille pour Paris, sans avoir pour ainsi dire conscience de ce changement de lieu.

Le temps des voyages princiers était passé.

Madame de Villetaneuse revint modestement à Paris en diligence avec son père et sa mère, ce renoncement à ses habitudes fastueuses lui causa une irritation amère, une humiliation cuisante; sa passion pour Angelo, loin de se refroidir par la séparation, s'embrâsait aux brûlants souvenirs du passé, s'exaltait par les tourments de l'absence; ce misérable, exerçant une sorte de fascination magnétique sur Aurélie avait à jamais pris possession d'elle-même; peu de jours après son retour à Paris, elle reçut la visite de Fortuné Sauval, à sa vue, ne s'éveillèrent plus, comme autrefois dans le cœur de la comtesse, les doux souvenirs de ses jeunes années, le remords du présent, de vagues velléités de retour au bien, non, non, cette fois, la présence de Fortuné excita chez elle le dépit, l'irritation, l'envie, hélas! elle songeait que sa sœur Marianne, aimée, honorée, riche, heureuse, devait cet amour, cette considération, ces richesses, ce bonheur, à l'homme qu'elle, Aurélie, avait dédaigné; enfin, elle ressentit, à l'aspect de Fortuné Sauval, cette crainte mêlée de répulsion et de regrets amers, qu'éprouve une âme déchue et pervertie, lorsque la présence des honnêtes gens lui rappelle l'innocence de ses anciens jours, l'infamie des jours nouveaux; aussi, redoutant de nouvelles obsessions de la part de Fortuné, madame de Villetaneuse et sa mère lui firent facilement perdre leurs traces au milieu de l'immensité de Paris, en changeant d'hôtel garni, de nom et de quartier.

Bientôt le chagrin, le dévorant prurit de son amour pour Angelo, les appréhensions d'une misère imminente, plongèrent la comtesse dans une noire mélancolie, ayant tous les symptômes d'une maladie de langueur. Les dernières ressources de la famille s'épuisaient, lorsque Aurélie fut mise en rapport avec M. Badinier par une marchande à la toilette, sorte d'entremetteuse, à qui elle avait vendu ses dernières nippes. Se voyant bientôt, ainsi que son père et sa mère, réduite aux plus dures privations, madame de Villetaneuse accepta les offres de l'ancien épicier, ainsi qu'elle avait accepté celles du duc de Manzanarès ; seulement, elle garda, par respect humain, le nom de madame d'Arcueil, c'est sous ce nom que le cousin Roussel devait connaître cette jeune femme, dont M. Badinier était affolé, et auprès de laquelle il voulait dépêcher son ami, en manière de *Mentor*.

Madame de Villetaneuse, conservant au plus profond de son cœur son ardente passion pour Angelo, dut aux générosités de M. Badinier une existence confortable, quoiqu'insuffisante à ses prodigalités, fort concevables alors qu'elle était la maîtresse du duc de Manzanarès ; mais qui, bien que relativement très restreintes, semblaient énormes à M. Badinier, désolé de voir, malgré ses *sacrifices*, Aurélie criblée de dettes, toujours aux expédients, vivant dans un désordre matériel, presque inséparable du désordre des mœurs. Cependant, cédant à la vanité de faire montre de sa belle maîtresse aux yeux des habitués du salon de Clara, société suspecte, mais la seule où pût être reçue une femme entretenue, M. Badinier avait amené madame de Villetaneuse dans ce tripôt, et, ainsi que nous l'avons dit, tous deux venaient d'y entrer, au moment où, retiré dans la chambre à coucher de Clara avec madame Bayeul, Angelo proposait à celle-ci de le suivre à Bordeaux, où elle devait servir d'amorce aux piperies des grecs.

XVI

Lorsque la comtesse de Villetaneuse parut dans le salon de Clara, son ancienne femme-de-chambre, la société peu nombreuse des dîneurs s'était augmentée de plusieurs invités et invitées à la soirée de jeu.

Une trentaine de personnes, hommes ou femmes, étaient réunis, les uns assis en cercle, les autres disséminés par groupes, ou debout autour de la table du lansquenet, devant laquelle, ainsi que l'avait annoncé Clara au grec émérite, se trouvait déjà établi le Hollandais, faisant à ces *dames* les honneurs du punch qu'il venait de commander, et *massant* devant soi beaucoup d'or et de billets de banque.

L'arrivée de madame de Villetaneuse, inconnue de tous les habitués du tripôt, produisit parmi eux une sorte de sensation ; la merveilleuse beauté de cette jeune femme les surprenait, les éblouissait. Elle portait une robe de gros de Naples bleu clair, garnie de larges volants de dentelles d'Angleterre et de nœuds de rubans roses. Cette robe à jupe un peu traînante, formant presque *demi-queue,* selon la mode d'alors, donnait un caractère plein de noblesse à la gracieuse démarche d'Aurélie, dont la taille svelte et accomplie s'élevait au-dessus de la moyenne.

La comtesse entra dans ce salon son bouquet et son éventail à la main, en véritable grande dame, le front haut, le regard dédaigneux, le sourire amer..., elle songeait en ce moment qu'après avoir reçu chez elle, lors de son mariage, la meilleure compagnie de Paris, qu'après avoir été l'idole du prince Charles-Maximilien et de sa cour, au palais de Meningen, qu'enfin, après avoir été, sous le patronage du duc de Manzanarès, accueillie avec déférence dans les salons les plus aristocratiques de l'Italie, elle faisait sous les auspices de M. Badinier, ancien épicier, son apparition dans un tripot hanté par des femmes entretenues... Elle! elle! madame de Villetaneuse.

Cette humiliante pensée, les énervantes ardeurs de son amour pour Angelo, la conscience inexorable de sa dégradation présente, imprimaient à ses traits, légèrement fatigués, mais toujours d'une beauté enchanteresse, ce cachet mélancolique, fatal, dont le poète marque le front de l'ange déchu..., ineffaçable empreinte des passions mauvaises et brûlantes. L'azur des grands yeux d'Aurélie, frangés de longs cils, noirs comme ses sourcils, n'était plus limpide et riant ainsi qu'aux jours heureux de son innocente jeunesse; il semblait assombri comme son front, à demi caché par l'ondulation des bandeaux de sa magnifique chevelure châtain à reflets dorés; son teint ayant perdu cette fraîche prime-fleur qui le rendait jadis aussi transparent, aussi rosé que la carnation d'un enfant, était d'une blancheur presque mate, comme le marbre de sa poitrine, de ses épaules et des bras d'une perfection idéale ; le nouveau caractère imprimé à la beauté de la comtesse, rendait son aspect moins attrayant, mais plus saisissant, l'on devinait les ravages d'une perversité précoce sous ce masque pâle et hautain ; aussi, à peine la jeune femme suivie de M. Badinier, triomphant de l'impression que causait sa maîtresse, se fut-elle avancée au milieu du salon, que l'arrivée de l'inconnue, devient une sorte d'évènement, les conversations cessent, les joueurs eux-mêmes détournent leurs yeux du tapis vert, tous les hommes et quelques femmes se lèvent, se demandant, ceux-ci avec une curiosité admirative, celles-ci avec un secret dépit, — quelle était cette belle étrangère ?

Clara sortant de sa chambre à coucher au moment où Aurélie s'avançait au milieu du salon, la reconnut et, stupéfaite, s'écria :

— Que vois-je ?.. vous ici... chez moi ! ! madame la comtesse ?..

— Comment ! c'est vous, mademoiselle, qui tenez cette maison ? — reprit Aurélie aussi surprise que profondément humiliée, de se trouver dans le salon de son ancienne femme de chambre; puis un sourire dédaigneux effleurant ses lèvres, elle ajouta :

— Je n'aurais pas mis les pieds chez vous, mademoiselle, si j'avais pu soupçonner que je vous rencontrerais ici, sous le faux nom de madame de Sablonville...

— Tiens ! vous vous faites bien appeler madame d'Arcueil, ma chère comtesse de Villetaneuse ! — reprit insolemment Clara, courroucée de la méprisante hauteur de son ancienne maîtresse, — pourquoi donc ne changerais-je pas de nom aussi bien que vous ? du reste, si je vous ai invitée à venir dans mon salon, que vous semblez dédaigner, c'est uniquement à la recommandation de *votre* monsieur Badinier.

Ce dernier trait, sanglant outrage, à elle adressé au milieu du silence et de l'attention générale des habitués du tripot, fit monter au front de madame de Villetaneuse le pourpre de la confusion; elle redressa fièrement la tête, et toisant Clara avec un souverain mépris :

— Vous avez fait de grands progrès en impertinence, mademoiselle, depuis que vous avez quitté mon service... vous étiez humble et respectueuse alors...

Et se tournant vers M. Badinier :

— Sortons, monsieur...

La comtesse fit un mouvement pour se diriger vers la porte, mais soudain elle pâlit, resta pétrifiée, l'œil fixe, le sein palpitant, on l'eût dit fascinée par une apparition inattendue...

Elle voyait à quelques pas d'elle, Angelo Grimaldi...

L'expression de la physionomie de madame de Villetaneuse devint tellement significative, que tous les regards suivant machinalement la direction du sien, s'arrêtèrent sur Angelo, non moins pâle, non moins palpitant qu'Aurélie, qu'il tenait magnétisée sous son œil humide et ardent.

Madame Bayeul, suspendue au bras du grec, se croyait désormais des droits sur lui, elle venait d'accepter avec une joie délirante, l'offre de le suivre à Bordeaux.

Aussi, que l'on juge de sa stupeur lorsqu'elle reconnut madame de Villetaneuse!

L'amour impudique, malgré sa brutalité, est doué des mêmes instincts jaloux, de la même pénétration, que l'amour délicat et pur; aussi remarquant le regard étincelant du grec, attaché sur la comtesse, madame Bayeul ressentit la morsure d'une jalousie féroce, le trouble, l'émotion profonde d'Aurélie et d'Angelo, furent pour elle une révélation soudaine.

— Ils se sont passionnément aimés, — pensait madame Bayeul avec fureur, — ils s'aiment encore passionnément! Le hasard les rapproche... et la comtesse est toujours d'une écrasante beauté !

L'effronterie naturelle de madame Bayeul n'étant plus contenue ainsi qu'autrefois, par une sorte de déférence forcée, envers la société d'honnêtes gens qu'elle fréquentait alors, devait aboutir au cynisme des plus mauvais lieux, du moment où vivant au milieu de femmes perdues, d'hommes suspects, elle serait délivrée de toute entrave; ce cynisme de paroles, de geste, d'attitude lui était en effet devenu familier, mais elle ne s'y livra pas tout d'abord, quoique enflammée de jalousie et de rage, à la vue de la comtesse, rivale redoutable. L'étonnement, la douleur, la haine, suffoquèrent madame Bayeul ; pendant un instant, elle resta muette, frémissante, livide, serrant convulsivement de ses doigts crispés, le bras du grec, comme si elle eût voulu le retenir de force, elle jetait tour à tour sur lui et sur Aurélie, un regard flamboyant et sinistre.

La comtesse, non moins pénétrante, jalouse et passionnée que sa rivale, mais devant à sa longue habitude de la bonne compagnie, une extrême retenue, éprouvait non moins terribles, mais sous une apparence plus calme, les ressentiments de madame Bayeul; elle se demandait avec un mélange de frayeur, de haine et de colère, par quelle fatalité cette femme à qui M. de Villetaneuse l'avait autrefois outrageusement sacrifiée, provoquant ainsi la cause première de ses dégradations successives, par quelle fatalité cette femme se trouvait encore sur son chemin et voulait lui enlever Angelo? car trop éprise pour n'être pas clairvoyante, elle lisait sur les traits contractés de madame Bayeul, les tortures de la jalousie.

Les moins pénétrants des habitués du tripot, s'attendaient au milieu du silence d'une maligne curiosité à quelque violente altercation entre ces deux femmes qui se foudroyaient du regard; fort réjouis de la rencontre, ils formèrent une sorte de cercle, isolant méchamment en son point central, le grec et les deux héroïnes de l'aventure, afin de les mettre tous trois face à face.

M. Badinier pressentait confusément quelque grave incident, sans avoir jamais vu Angelo, ni entendu parler de lui par Aurélie, la remarquable beauté de ce jeune homme, son agitation, le regard inquiet et ardent dont il couvait la comtesse, frappèrent extrêmement l'ancien épicier; il regretta de plus en plus d'avoir conduit sa maîtresse dans cette maison et lui dit tout bas :

— Ma bichette, tu sembles très mal à ton aise, nous ferions bien, je crois, de nous en aller, ainsi que tu me l'as proposé tout à l'heure.

Ces divers incidents survenus depuis la rencontre inattendue d'Aurélie et de madame Bayeul, incidents dont le récit absorbe forcément tant de lignes, s'étaient produits en quelques secondes à peine, et au moment où M. Badinier venait de proposer à la comtesse de quitter le tripot, madame Bayeul d'abord suffoquée, pétrifiée, retrouvant soudain le mouvement et la parole, fit un pas vers sa rivale en s'attachant toujours au bras du grec, et les lèvres blêmies, les traits crispés, s'adressant à Aurélie, et pouvant à peine contenir sa fureur :

— Dites donc! ne croyez pas m'effrayer avec vos gros yeux, vous!... j'aime, j'adore Angelo, oui, je l'aime, je l'adore, j'en raffolle! Est-ce clair? Nous partons demain lui et moi pour un voyage, et je vous défie de m'enlever mon amant!

— Comment, comment?.. — reprit M. Badinier de plus en plus interloqué, — apprenez, madame, que... que... je suis ici le... le... cavalier de madame d'Arcueil, et qu'elle ne cherche à enlever personne...

— Ah! c'est vous qui êtes son entreteneur? — reprit madame Bayeul avec un éclat de rire sardonique, — vous devez la payer joliment cher, alors! car vous êtes fièrement laid ; — et s'adressant à Angelo, — hein? est-ce ignoble?.. se faire donner la pâtée par un pareil oiseau!

La comtesse pâle, courroucée, blessée au vif, prit sa plus fière attitude de grande dame, et toisant du haut de sa noble et gracieuse taille, la petite femme aux cheveux presque roux, lui dit avec un mépris écrasant :

— Vous avez eu autrefois l'impudence et l'impudeur d'oser vous présenter chez moi, à l'hôtel de Villetaneuse, où je vous ai traitée comme vous le méritiez... madame! Mais aujourd'hui je...

— Ah! ah! ah! parlez-en donc un peu de ce temps-là? — répliqua madame Bayeul en interrompant sa rivale avec un éclat de rire insultant ; — Je vous ai soufflé le comte, votre mari, et il vous a flanquée à la porte à cause de moi... A-t-on jamais vu!.. ça parle de son hôtel, ça fait sa tête! ça fait la duchesse... et c'est protégée au mois, par un homme d'âge, laid comme un poux !...

Les habitués du tripôt accueillirent par une bruyante hilarité les grossières paroles de madame Bayeul. Le grec, malgré son audace accoutumée resta d'abord coi et sot, comme un homme devenu l'objet d'une dispute féminine ; M. Badinier confus, irrité, rougit jusqu'au blanc des yeux, mais n'osa souffler mot ; madame de Villetaneuse reconnaissait avec désespoir que dans cette altercation, elle ne pouvait lutter avec une créature capable de ne reculer devant aucun cynisme de langage; enfin la présence d'Angelo, l'incertitude où était Aurélie des projets du grec au sujet de ce voyage formellement annoncé, la jetaient dans un trouble croissant, elle ne put, redoublant de hauteur, que dire à sa rivale :

— Pour vous répondre, madame, il me faudrait parler le langage des halles, et je ne le parle pas...

— Allez donc, bégueule ! vous n'avez pas pour deux liards de réplique ! — reprit madame Bayeul d'une voix glapissante, — allez donc! comtesse de raccroc !

vous croyez avoir tout enlevé, tout séduit, quand vous avez fait parader votre figure de cire ! il y en a de plus belles que la vôtre aux devantures de boutiques des coiffeurs ! vous n'êtes qu'une de ces bellâtres que les hommes jobarderont toujours, apprenez ça comtesse! ils aimeront mieux un laideron comme moi, parce que *j'ai du vice*... N'est-ce pas, mon Angelo ? — Et l'odieuse créature saisit le bras du grec en lui disant :—allons-nous-en, mon Angelo ? —puis elle ajouta en éclatant d'un rire sardonique : — bien des choses chez vous, comtesse !

Le grec se dégagea brusquement de l'étreinte de madame Bayeul, et dit à Aurélie, dont il s'approcha en lui offrant son bras :

— Venez, madame, venez !... vous ne pouvez, après ces outrages, rester un moment ici ; venez...

La comtesse, palpitante, s'empara du bras d'Angelo, et jeta un regard de triomphe féroce sur sa rivale.

Celle-ci, frappée au cœur, devint livide, resta un moment immobile de douleur et de rage, s'appuya sur un meuble ; elle se sentait défaillir.

— Ah çà! ma chère, est-ce que vous vous moquez du monde? — s'écria M. Badinier furieux, en s'avançant vers Aurélie. — Vous n'accepterez pas le bras de Monsieur... Moi seul, ici, j'ai le droit de...

— Le droit...? — répondit madame de Villetaneuse avec dédain, en regardant son protecteur par-dessus son épaule. — Vous êtes, Monsieur, en vérité, fort plaisant!

Et faisant un mouvement pour sortir avec le grec :

— Venez, Angelo.

— Mais, quand le diable y serait, vous ne vous en irez pas avec Monsieur! — s'écria M. Badinier exaspéré, saisissant de son côté la comtesse par le bras. — C'est moi qui ai payé la robe que vous avez sur le dos, ma chère!

— Vieux drôle! — s'écria le grec, en repoussant violemment l'ancien épicier. — Vous osez mettre la main sur Madame... Prenez garde! je châtierai votre insolence.

— Toi! mauvais polisson?

— Vous allez payer cher cette injure !
— s'écria le grec, en faisant passer Aurélie derrière lui, et s'élançant sur M. Badinier ; mais Clara, se jetant entre les deux adversaires, s'écria d'une voix perçante :

— Comment ! des batteries ici !... Je ne veux pas de batterie chez moi !

— Il y en aura pourtant, des batteries ! car je la dévisagerai, moi ! cette grande bringue, qui veut m'enlever Angelo ! — s'écria madame Bayeul qui, hideuse de rage, après un moment d'accablement, s'élançait sur la comtesse en véritable furie, les ongles étendus. Heureusement le *général* (nous l'avons dit, l'on comptait un général, apocryphe ou non, parmi les habitués du tripot), le général saisit à bras le corps madame Bayeul, reçut d'elle un coup de griffe qui lui écorcha le menton ; mais, contenant toujours l'horrible créature, il dit héroïquement :

— La garde meurt et ne se rend pas !

Clara et quelques hommes s'interposèrent à grand' peine entre Angelo et M. Badinier, qui, de plus en plus irrités, se menaçant à distance, échangeaient de grossières injures. La comtesse, tremblante, éperdue, étrangère à tous, jetant çà et là des regards suppliants, ne rencontrait que des visages indifférents ou railleurs ; quelques honnêtes gens, égarés dans ce mauvais lieu, détournaient avec dégoût les yeux de cette scène ignoble.

Soudain une servante effarée accourut dans le salon en s'écriant :

— Cachez les enjeux ! voilà le commissaire !

A ces mots, une agitation extraordinaire se manifeste dans le tripôt; les joueurs, distraits du lansquenet par les disputes précédentes, s'élancent vers les tables de jeu afin d'y reprendre leurs mises, et de faire disparaître les cartes, tandis que Clara et sa servante s'empressent de concert d'éteindre les trois lampes qui éclairaient le salon ; puis, madame de Sablonville dit à haute voix aux habitués :

— Nous soutiendrons au commissaire que nous jouons : *A la nuit, tous les chats sont gris,* jeu innocent que l'on joue en société !

Au milieu de cette obscurité subite, Angelo, que le tumulte avait rapproché d'Aurélie, la prit par la main et lui dit tout bas :

— Viens vite... suis-moi!

Le grec connaissait parfaitement les êtres de la maison ; il se trouvait, au moment de l'extinction des lampes, tout proche de la porte de la chambre à coucher de Clara, il introduisit la comtesse dans cette pièce, referma sur lui la porte à double tour, puis, s'esquivant par un couloir et un escalier de service aboutissant à la cour, Aurélie et Angelo quittèrent la maison, à l'instant où le commissaire, pénétrant dans le tripôt par le grand escalier, surprenait les habitués jouant innocemment, disaient-ils : *A la nuit, tous les chats sont gris.*

XVII

Les scènes suivantes se passent chez madame de Villetaneuse, le lendemain matin de sa rencontre avec Angelo, dans le salon de Clara.

M. Badinier avait loué et meublé confortablement pour Aurélie, un joli apartement au second étage d'une maison neuve de la rue Notre-Dame-de-Lorette, il se composait d'un antichambre, d'une salle à manger, d'un salon, d'un boudoir et de deux chambres à coucher, dont l'une était occupée par M. et madame Jouffroy.

Le caractère de cette malheureuse femme, perdue par un faux orgueil maternel, et par une détestable vanité, étant connu du lecteur, il ne s'étonnera pas de la voir tolérer, partager l'ignominieuse existence de la comtesse, la dégradation de la mère s'était insensiblement opérée, accomplie, de même que celle de la fille.

Madame Jouffroy, dans sa vaniteuse aberration, avait encouragé la liaison de sa fille avec Charles Maximilien, espérant voir un jour Aurélie : princesse souveraine; ce premier pas fait dans la voie du déshonneur, les autres devaient naturellement suivre, aussi lorsqu'elle s'était vue, elle, son mari et sa fille, sans autres ressources que l'acceptation des offres du duc de Manzanarès, madame Jouffroy avait accepté cette nouvelle prostitution de son enfant.

Et pourtant cette mère indigne pouvait encore à cette époque rompre avec un odieux passé, retourner avec son mari et sa fille à Paris, afin d'y vivre modestement en famille, auprès de la tante Prudence, de Marianne et de Fortuné, mais, madame Jouffroy pouvait-elle se résoudre à affronter le regard de la tante Prudence, dont le sévère et ferme bon sens, l'avait tant de fois révoltée ? pouvait-elle supporter, sans rougir, le regard de Marianne, jadis privée de sa part de patrimoine en faveur d'Aurélie, que sa famille voulait richement doter? madame Jouffroy pouvait-elle, enfin, supporter, sans rougir, le regard de Fortuné Sauval, dont elle avait rompu le mariage projeté, arrachant presque à Aurélie, le retrait de sa parole promise à son cousin?

Et c'était à ces trois personnes : la tante Prudence, Marianne, Fortuné, que madame Jouffroy, telle que nous la connaissons, serait allée, humblement repentie, demander le pardon du passé, le pain et l'asile pour l'avenir!

Non, non, elle ne le pouvait pas, nous le répétons : *le vice a sa logique et sa fatalité...* lorsque le principe du bien a pour jamais succombé dans sa lutte contre le principe du mal. Madame Jouffroy dut se résigner à voir sa fille subir les propositions de M. de Manzanarès; cette infamie était d'ailleurs masquée sous un certain vernis de convenances; madame la comtesse de Villetaneuse voyageant avec son père et sa mère, dans une autre voiture que celle de M. le duc, occupant un appartement séparé, dans les hôtels des villes où l'on séjournait, madame la comtesse, grâce à son noble chaperon, présentée aux ambassades, et dans la meilleure compagnie, où elle trônait, où elle éclipsait les autres femmes, par sa grâce, par sa beauté, madame la comtesse ne semblait avoir rien de commun avec les autres courtisannes : enfin, l'on vivait splendidement, en grands seigneurs, le duc était généreux, magnifique, madame Jouffroy, surtout ravie de voir briller sa fille, se disait, en manière de capitulation de conscience :

« — Après tout, supposons que ma fille
« soit mariée au duc?... il n'en serait ni
« plus ni moins... »

Et elle se disait encore, après tant de misères et de traverses honteuses :

« — Supposons que ma fille soit mariée
« à M. Badinier ? il n'en serait ni plus ni
« moins... »

M. Jouffroy, dont l'intelligence, affaiblie, ébranlée, puis, enfin, complètement anéantie par les horribles ressentiments du déshonneur de sa fille, et de sa ruine, conservait à peine la perception des choses, il avait cependant, parfois, vaguement souvenance de sa folle adoration pour sa fille, et de sa frayeur pusillanime de sa femme, principales causes des malheurs de cette famille.

— *Mimi est-elle fâchée?... Fifille est-elle heureuse?*

Ces mots, prononcés de temps à autre, sans aucun à propos, semblaient être les dernières lueurs qui se dégageaient parfois de la raison éteinte de M. Jouffroy; il se montrait d'ailleurs d'une douceur inaltérable, recherchait la solitude, où il passait invariablement les heures à confectionner de petits bateaux de papier, qu'il faisait ensuite, avec une satisfaction enfantine, voguer sur l'eau dont il remplissait une assiette : elle était son occupation constante. Ne souffrant pas physiquement, vivant d'une vie uniquement animale, ayant, depuis longtemps, perdu la mémoire, les souvenirs de l'ignominie de sa femme et de sa fille, ne l'obsédaient plus, il les reconnaissait cependant, leur souriait de ce sourire navrant particulier aux pauvres créatures dont la pensée est absente, et adressait à Aurélie et à sa mère des paroles sans suite, sauf celle-ci, les seules qui offrissent un sens :

« — Mimi est-elle fâchée, Fifille est-elle heureuse? »

Madame Jouffroy et Aurélie, sincèrement affligées de l'égarement d'esprit de ce malheureux, sentant la terrible responsabilité qui pesait sur elles, s'habituèrent cependant au spectacle de cette désolante infirmité; mais il faut le dire, le sentiment de certains devoirs, n'étant pas éteint dans leurs cœurs de fille et d'épouse, elles entourèrent M. Jouffroy de tous les soins possibles. Elles auraient pu en le faisant conduire auprès de sa sœur Prudence, épargner à leurs yeux cette preuve vivante des maux qu'elles avaient causés, mais à cette pensée de renvoyer dans leur famille où il vivait jadis heureux, aimé, respecté, ce vieillard privé de raison, elles frémissaient de honte, de remords; aussi, voulant surtout tenir secret cet affreux malheur, elles réussirent à échapper aux recherches de Fortuné Sauval, lors de leur retour à Paris.

Enfin, leur résolution de ne jamais se rapprocher des autres membres de leur famille, était d'autant plus inébranlable que Marianne, que la tante Prudence, que le cousin Roussel pouvaient, devaient accueillir cette épouse et cette fille indignes par ces écrasantes paroles :

« — Qu'avez-vous fait de mon frère ?

« — Qu'avez-vous fait de mon père ?

« — Qu'avez-vous fait de mon vieil ami ? »

Non, non, entraînées par la fatalité du vice, ces deux femmes voyaient à chaque pas se dresser devant elles les redoutables conséquences de leur dégradation, et, reculant effrayées, elles s'enfonçaient de plus en plus dans la fange !...

Fatalité du vice... fatalité du vice ! Cette mère et cette fille jadis si tendrement unies, échangeaient parfois des récriminations odieuses, des reproches sanglants ; puis venait cette sombre réconciliation des complices, désormais enchaînés l'un à l'autre par la solidarité de l'infamie !

XVIII

Dix heures du matin sonnaient, Aurélie, sortie la veille au soir avec M. Badinier, n'était pas encore rentrée chez elle, où l'attendait madame Jouffroy. Celle-ci, sans s'alarmer de cette absence nocturne, croyant la comtesse sous l'égide de son *protecteur naturel*, éprouvait cependant quelque inquiétude, et marchant de long en large dans la chambre de sa fille, disait à sa servante qu'elle venait d'appeler :

— La comtesse (elle nommait toujours ainsi Aurélie) ne vous a pas dit qu'elle resterait dehors toute la nuit ?

— Non, Madame.

— C'est étonnant... elle aura sans doute

été souper, et se sera attardée avec M. Badinier. Qui est-ce qui vient de sonner, tout-à-l'heure ?

— Le commis du marchand de nouveautés ; il jurait comme un possédé, criant que ça l'embêtait de revenir vingt fois de suite pour toucher une facture de cent dix francs, et que si l'on ne le payait pas demain, il ferait du tapage ici...

— Quelle canaille d'homme !

— La marchande à la toilette est encore revenue, elle a dit que si on ne lui donnait pas d'argent, elle enverrait une assignation...

— Oser assigner la comtesse ! si ça ne fait pas pitié...

— Il y a aussi le boucher qui m'a refusé de la viande ce matin, il m'a quasi jeté mon livre de boucherie à la figure, parce que je ne lui apportais pas d'argent... ça n'est pas régalant non plus... sans compter qu'il s'est mis à abominer madame, en disant qu'elle était...

— C'est bon, c'est bon, en voilà assez! vous n'êtes qu'un oiseau de mauvais augure !... Vous n'avez jamais que de mauvaises nouvelles à donner...

— Mais, Madame...

— Assez, taisez-vous !.. Tenez, l'on sonne, allez ouvrir, c'est sans doute la comtesse.

La servante sortit, rechignant et maugréant.

Madame Jouffroy se dit :

— Heureusement, M. Badinier m'a à peu près promis un supplément ce mois-ci, pour payer, cette fois encore, les dettes d'Aurélie... Il est fièrement dur à la détente, le père Badinier ! mais aussi que peut-on attendre d'un ancien épicier !!.. Ah ! quelle différence, avec ce cher duc de Manzanarès. Quel généreux et magnifique seigneur !... Pourquoi faut-il que la comtesse... enfin, c'est ce va nu-pieds d'Angelo qui a été cause de tout... Gredin, va ! mais ma fille en était folle...

La servante rentra tenant à la main une lettre qu'elle remit brusquement à madame Jouffroy en lui disant d'un air maussade :

— Voilà ce qu'un commissionnaire vient d'apporter.

Et elle ajouta en sortant et s'arrêtant au seuil de la porte :

— C'est déjà bien assez que l'on me doive trois mois de gages, sans que l'on vienne encore me bougonner à cause des autres... Est-ce que c'est ma faute, à moi, si l'on est criblé de dettes ici ? et d'ailleurs j'aime autant m'en aller !

— Hé bien, vous partirez tout de suite ! — s'écria madame Jouffroy, — vous ne coucherez pas ici, insolente !

— Je partirai quand vous m'aurez payée, Madame, et je ne la regretterai pas, allez ! votre baraque de femme entretenue ! — s'écria la servante en fermant derrière elle la porte avec fracas.

Madame Jouffroy s'était levée furieuse, mais elle se contint, voyant la servante sortir et se dit avec amertume :

— Ah ! je n'étais pas habituée aux insolences des domestiques ! autrefois à la maison, ils tremblaient tous devant moi... Mais aussi je les payais rubis sur l'ongle... Enfin, ce qui est fait est fait !

Etouffant un soupir en songeant à cet heureux temps, où ménagère intelligente et respectée, elle règnait souverainement sur sa maison si régulièrement ordonnée par elle, madame Jouffroy ouvrit la lettre qu'elle venait de recevoir et y lut ceci :

« Votre fille Aurélie est une drôlesse,
» une ingrate et la dernière des coureuses,
» mais l'on ne me jobarde pas impuné-
» ment ; vous aurez bientôt de mes nou-
» velles, en attendant je vous donne vingt-
» quatre heures pour décaniller tous de
« l'appartement qui, Dieu merci, est loué
« en mon nom, sinon je vous fais jeter à
« la porte par commandement d'huis-
« sier.

« BADINIER. »

Madame Jouffroy atterrée de cette lettre la relisait une seconde fois avec une désolation croissante, lorsque la sonnette retentit de nouveau à plusieurs reprises, et Aurélie entra bientôt dans sa chambre, où sa mère l'attendait.

XIX

Madame de Villetaneuse quoique pâlie par les violentes émotions de la soirée précédente, était triomphante ! Angelo l'aimait toujours... le rayonnement de cette flamme impure semblait refléter sur les traits fatigués de la jeune femme, l'audace et l'impudeur; elle jeta loin d'elle la pelisse dont elle s'était enveloppée, en rebaissant sur sa tête le capuchon de ce vêtement pendant le trajet qu'elle venait de parcourir en voiture. Aurélie apparut donc aux yeux de sa mère dans sa toilette de bal, froissée, fanée, ses longs cheveux, à demi dénoués, flottant sur ses épaules nues ; ce désordre de vêtements et de coiffure, indigna madame Jouffroy déjà exaspérée par la lettre de M. Badinier.

— Tiens! — dit-elle à sa fille en lui présentant le billet, — lis cela, malheureuse!

La comtesse, surprise de l'accent et de l'accueil de sa mère, prit la lettre, la lut, rougit de colère, de honte, froissa le papier dans sa main, le jeta loin d'elle, redressa la tête, regarda sa mère sans baisser les yeux et lui dit :

— Hé bien... après?

— Comment, après?.. Mais d'abord réponds-moi... D'où sors-tu, effrontée... tu as une figure à faire peur?

— Ma mère... je viens d'où bon me semble.

— Quelle indignité as-tu donc commise hier? ou cette nuit? pour que M. Badinier m'écrive une pareille lettre et nous chasse d'ici... Il a donc raison?... Tu es donc la dernière des créatures?

— Monsieur Badinier est un manant, je ne le reverrai de ma vie!

— Et qui paiera tes dettes? de quoi vivrons-nous, s'il nous met à la porte?

Nous serons donc sans le sou? sur le pavé? nous n'avons pas seulement de quoi payer une huitaine d'hôtel garni... à moins de mettre nos effets au Mont-de-Piété! Tu veux donc nous mettre encore sur la paille? comme tu nous y a déjà mis, par amour pour ton va-nu-pied d'Angelo!

— Je ne souffrirai pas que vous parliez ainsi d'Angelo devant moi!

— De lui?.. ce gueux sans sou ni maille, que M. le duc avait ramassé sur la route par charité!

— Ma mère, assez... oh! assez!

— Assez! Est-ce que je pourrai jamais en dire assez sur ce misérable? lui! la cause de ta rupture avec M. le duc!... Auprès de qui nous serions encore, si tu n'avais pas eu la tête tournée par ce maudit vagabond!

— Brisons là, ma mère! je suis d'âge à être maîtresse de mes actions, cette discussion ne peut aboutir à rien ; je vais la terminer d'un mot : j'ai revu Angelo.

— Miséricorde!

— Je l'ai revu hier soir.

— Ah! je devine tout maintenant, cette

lettre de M. Badinier... Mon Dieu! mon Dieu!..

— Notre résolution est prise, Angelo et moi, nous ne nous quitterons plus!

— Tu oses...

— Je vous le répète, rien ne saurait désormais me séparer de lui... Me laisserez-vous en repos, maintenant?

— Et moi?... et ton père? malheureuse!.. qu'est-ce que nous deviendrons?

— Marianne et ma tante seront indulgentes, elles vous accueilleront à bras ouverts, vous vivrez tranquilles, mon père et vous, auprès d'elles.

— Moi! aller tendre la main à ma belle-sœur! m'exposer à ses insolences! Moi! ramener à ma fille son père dans l'état d'esprit où il est... Ah! plutôt mendier son pain au coin des rues... Ainsi, infâme! tu nous abandonnes?... voilà ta reconnaissance?..

— Ma mère..., ne parlons pas du passé!

— Oh! non, il t'écrase, le passé! il te rappelle que ton père et moi nous nous sommes dépouillés, sacrifiés pour te doter...

— Avouez donc que c'est votre orgueil qui m'a poussé malgré moi à ce mariage! et il a causé ma perte!!

— Quoi! tu as le front de me reprocher ton mariage?

— Est-ce que vous ne m'avez pas forcé de retirer ma parole donnée à Fortuné!

— Effrontée menteuse! Et lorsque ton mariage avec le comte a été rompu! n'as-tu pas voulu t'empoisonner?

— A qui la faute... à vous...

— Bon Dieu du ciel! vous l'entendez! c'est ma faute, si elle a voulu s'empoisonner...! c'est ma faute!

— Oui, oui, car à force de vous entendre répéter que nous serions bafouées, déshonorées dans notre société par la rupture de ce mariage, j'ai perdu la tête et j'ai voulu mourir...

— Ah! c'est trop! c'est trop!!

— Ce n'est pas trop, ma mère... Est-ce que vous n'avez pas pris à tâche d'exciter sans cesse ma vanité? en me disant que belle comme j'étais, je pouvais prétendre à tout? alors, obsédée par vous, j'ai retiré ma parole à Fortuné, j'ai voulu être comtesse, et ensuite je suis devenue... ce que je suis... Je descendrais plus bas encore que j'aurais le droit de vous dire... « Vous « m'avez perdue, ma mère, vous m'avez « perdue... »

— Et le ciel ne tonne pas !

— Laissez donc ! Il devait tonner lorsque vous encouragiez mon amour pour Maximilien... lorsque vous m'engagiez à accepter les offres du duc... Quoi ! aujourd'hui vous m'injuriez, parce que je préfère l'homme que j'aime à l'homme qui me paie !! Vous vous êtes dépouillée pour me doter, dites-vous ? Hé bien ! moi, je me suis déjà vendue deux fois pour vous... c'est assez, ma mère, nous sommes quittes... J'ai retrouvé Angelo, je ne le quitterai plus, nous partons demain ensemble pour Bordeaux.

— Tu ne partiras pas !
— Je partirai !
— Je te le défends.
— Vous avez perdu le droit de me défendre quelque chose ; vous... qui m'avez tout permis !..
— Malheureuse ! tu nous abandonne

moi et ton père, dans la position où il est... par ta faute!...

— Dites donc par la vôtre... C'est la terreur que vous lui inspiriez qui lui a fait perdre l'esprit...

— Ce n'est pas vrai, ce sont tes déportements avec ce mendiant d'Angelo!

— Oh! je le sais... Tels sont les torts d'Angelo à vos yeux, ma mère : sa pauvreté!... vous l'auriez adoré, s'il eût été riche!

— Fille dénaturée! fille infâme! — s'écria madame Jouffroy en se tordant les mains de désespoir. — Maudit soit le jour où je t'ai enfantée!

Cette abominable et providentielle altercation entre la mère et la fille, fut interrompue par l'entrée du cousin Roussel, introduit en ces termes par la servante :

— Voilà un monsieur qui vient parler à madame, de la part de M. Badinier.

XX

Le cousin Roussel avait la veille, cédant de guerre lasse aux instances réitérées de M. Badinier, consenti presque malgré lui, et se reprochant cette faiblesse, à aller *parler raison* à la maîtresse de son ami, que celui-ci nommait madame d'Arcueil (nom complètement inconnu du cousin Roussel). M. Badinier, en proie à l'exaspération où le jetait les évènements accomplis dans le tripôt de Clara, ayant complètement oublié la mission dont il avait chargé son ami, celui-ci venait s'en acquitter auprès de la prétendue madame d'Arcueil.

Que l'on juge de la surprise, de la douleur du cousin Roussel, lorsqu'il se trouva face à face d'Aurélie et de sa mère, lorsqu'il vit celle-ci, les traits empreints d'un sombre désespoir, et la comtesse vêtue d'une robe de bal à dix heures du matin, la coiffure en désordre, le visage contracté, défiguré par les ressentiments éveillés en elle par son altercation avec sa mère.

Enfin, Joseph en entrant dans l'appartement venait d'entendre ces mots terribles adressés à Aurélie par madame Jouffroy :

— « Fille dénaturée ! fille infâme ! Mau« dit soit le jour où je t'ai enfantée !! »

Ces paroles, la physionomie violente et enflammée de la mère et de la fille, révélèrent à Joseph quelles discordes divisaient ces malheureuses femmes malgré le lien de leur commune ignominie, pendant un moment, il resta muet, accablé, en proie à de désolantes pensées.

Madame Jouffroy revoyait pour la première fois le cousin Roussel, depuis le jour où elle l'avait chassé de chez elle, Aurélie le revoyait aussi pour la première fois, depuis sa rencontre avec lui, Cour des Coches, au logis de la tante Prudence.

La présence imprévue de ce parent, connu dans la famille pour sa droiture et son bon sens, pétrifia les deux femmes. La comtesse baissa la vue, écrasée de honte, mais madame Jouffroy, à qui l'abandon de sa fille portait un coup affreux, inattendu, qui l'atteignait moralement et physiquement, car elle ressentait déjà ce frisson fiévreux, avant-coureur des maladies foudroyantes causées par une révolution morale; madame Jouffroy, disons-nous, brisée par la douleur, par le désespoir, au lieu d'accueillir Joseph avec aversion et colère, fondit en larmes, et tendant les mains vers lui, s'écria en sanglottant :

— Ah ! monsieur Roussel..., vous êtes bien vengé de mes torts envers vous !... Ma fille est un monstre d'ingratitude !... Elle vient de me porter un coup dont je ne me relèverai pas...

Madame Jouffroy venait à peine de prononcer ces lamentables paroles, lorsque soudain éclata, dans le salon voisin, un tapage infernal, un bruit retentissant de porcelaines et de glaces cassées, bruit dominé par les éclats de voix de la servante, appelant à son secours.

Madame Jouffroy, malgré son désespoir, s'élança machinalement dans le salon voisin, alarmée des cris de la servante et du vacarme qui redoublait, elle fut suivie d'Aurélie et du cousin Roussel, non moins surpris qu'effrayés.

Alors il se passa une scène étrange, hideuse, horrible.

Ce salon, élégamment meublé, avait trois portes : l'une conduisait à la chambre de la comtesse, l'autre à la salle à manger, la dernière à la chambre de madame Jouffroy et de son mari ; celui-ci, malgré l'affaiblissement de son esprit, ayant aussi entendu un tapage extraordinaire, apparut brusquement dans le salon, presque en même temps que sa femme et que sa fille.

Joseph eut d'abord quelque peine à reconnaître son vieil ami ; sa barbe grise, longue et drue, couvrait de poils hérissés ses joues et son menton ; son épaisse chevelure inculte, entièrement blanchie par l'âge et les chagrins, cachait à demi ses yeux éteints, où ne brillait plus la divine étincelle de l'intelligence ; quoique sa vie sédentaire eût augmenté son embonpoint ; l'on ne voyait pas sur son visage le coloris de la santé ; ses joues, boursoufflées comme ses paupières, étaient molles, blafardes. Vêtu d'une vieille robe-de-chambre graisseuse et rapiécée, il tenait à la main, lorsqu'il parut dans le salon, l'un de ces petits bateaux de papier, qu'il confectionnait incessamment avec une application enfantine ; il jeta çà et là, autour de lui, ses yeux sans regards, se tenant immobile et muet près de la porte de sa chambre, assistant, impassible, à la dévastation du salon, commencée depuis quelques instants par madame Badinier.

Cette femme, ivre de jalouse fureur, parvenant à découvrir l'adresse de la maîtresse de son mari, et ignorant d'ailleurs sa rupture de la veille, s'était résolument armée d'une énorme canne, afin de *tout casser*, comme on dit, chez madame de

Villetaneuse et elle s'adonnait avec rage à cette œuvre de destruction, faisant voler en éclats les glaces, les cristaux, les porcelaines, les globes des lampes et de la pendule, au moment où les divers personnages de ce récit accoururent simultanément dans le salon.

Madame Badinier, livide, effrayante, l'écume aux lèvres, les yeux étincelants, manœuvrait de ci, de là, de sa lourde canne plombée, avec une si dangereuse impétuosité, que madame Jouffroy, malgré sa stature massive, et l'emportement de son caractère, tremblait d'épouvante, en proie aux frissons d'une fièvre violente, dont la sueur glacée inondait déjà son visage blêmi; elle sentait ses forces défaillir, cependant, elle se précipita au-devant de sa fille, afin de la couvrir de son corps en entendant madame Badinier s'écrier, après avoir porté un dernier coup à une belle glace dont les débris jonchèrent le tapis :

— Ah! mon mari te donne des glaces, des tapis et des porcelaines, mauvaise ****! (1) Voilà comme je les arrange, tes glaces et tes porcelaines... Tout à l'heure tu auras ton tour, grande ****, attends un peu que je reprenne haleine!...

Madame Badinier, haletante, hors d'elle-même, fut forcée de se reposer un instant : tout ce qui était brisable était d'ailleurs brisé dans le salon. Alors elle avisa la comtesse et sa mère, muettes, frémissantes, la honte les écrasait, elles songeaient que cette scène, crapuleuse comme leur vie, avait pour témoin le cousin Roussel, qui retrouvait en ce moment même son vieil ami privé de raison, car M. Jouffroy, regardant tour à tour la terrible madame Badinier et les débris dont était jonché le sol, disait en hochant la tête, les seuls mots suivis qui revinssent de temps à autre à son souvenir :

— Mimi est-elle fâchée... Fifille est-elle heureuse?

— C'est donc toi qui débauche et qui

(1) Nous laissons au lecteur à imaginer les épithètes outrageantes et ignobles dont madame Badinier dût accabler Aurélie. Notre respect pour nos lectrices nous force de remplacer ces injures par des astériques.

ruine mon mari? vilaine ****?— s'était écrié madame Badinier en s'adressant à madame de Villetaneuse en brandissant sa canne. — Et cette grosse femme, c'est sans doute ta mère... qui prête les mains à ton honnête commerce?... hein? Et ce vieux à cheveux blancs qui a l'air d'un crétin... c'est probablement ton père?... ainsi mon mari entretient toute la séquelle... ton père et ta mère mangent le pain de ta prostitution, mauvaise ****! c'est du propre!

Remarquant seulement alors la présence de Joseph, qui, convalescent et anéanti par tant de sinistres découvertes, s'appuyait à l'embrasure d'une porte, la figure à demi-cachée dans ses mains et plongé dans un abîme de réflexions déchirantes, madame Badinier s'écria :

— Et vous aussi, monsieur Roussel... l'intime de mon mari! vous êtes de la bande!... joli rôle que le vôtre!! Mais que je la voie donc un peu dans le blanc des yeux cette effrontée **** qui débauche mon mari... — ajouta madame Badinier dont la rage non calmée, mais momentanément essoufflée, s'exaspérait de nouveau, et elle s'avança vivement vers Aurélie qui voyait avec un redoublement d'effroi sa mère pâlir... pâlir... et sentait sa main qu'elle tenait convulsivement serrée entre les siennes, devenir froide. Cependant madame Jouffroy fit un effort suprême dans l'espoir de protéger sa fille contre les violences de madame Badinier, qui, la canne levée, s'écriait :

— Avance donc ici... coquine ! que je te marque à la face... afin que mon indigne mari... sache bien que je suis venue chez toi ! Ce n'est pas tout, vois-tu, grande **** ! d'avoir cassé tes glaces... il faut que je te casse aussi quelque chose à toi !...

Ce disant, madame Badinier grinçant des dents s'élança sur la comtesse, et malgré la défaillante résistance de madame Jouffroy qui tâchait en vain de préserver sa fille, celle-ci reçut de l'épouse outragée, un violent coup de canne qui l'atteignit au front... A cette blessure, Aurélie poussa un grand cri ; son sang coula et inonda son visage...

Ceci s'était passé si rapidement, que Joseph, affaibli, accablé, n'avait pu que trop tard se précipiter sur madame Badinier pour essayer de lui arracher sa canne. Soudain, M. Jouffroy retrouvant une lueur de raison, à la vue du sang qui coulait à flots de la blessure d'Aurélie, tressaillit et s'écria :

— Fifille saigne !...

Et le vieillard furieux se jeta sur madame Badinier qui, rendue féroce à la vue du sang de sa rivale, allait redoubler ses violences, mais M. Jouffroy la saisit par le cou, il l'étranglait si à ce moment la servante essoufflée ne fût accourue en s'écriant :

— Voilà la garde... j'ai été chercher la garde...

En effet, un caporal et quatre soldats entraient dans le salon sur les pas de la servante...

La vue des soldats parut vivement impressionner M. Jouffroy, il cessa de serrer le cou de madame Badinier qui déjà devenait violette... elle se recula, trébuchant, alors que Aurélie, le visage ensanglanté, s'efforçait de soutenir sa mère, qui perdant complètement connaissance, tombait sur le tapis...

— Madame est venue comme une furie tout casser ici! — s'écria la servante en indiquant au caporal madame Badinier. — Et de plus, vous le voyez, cette horreur de femme a battu ma maîtresse... elle lui a fendu la tête d'un coup de canne!

— Juliette... du vinaigre... de l'eau de Cologne... ma mère se trouve mal! — s'écriait la comtesse, oubliant sa blessure et s'agenouillant près de sa mère, qu'elle tâchait de ranimer.

La servante s'empressa d'obéir aux ordres de la comtesse, tandis que madame Badinier disait résolument au caporal :

— J'ai tout cassé ici... et j'ai battu cette **** là! parce qu'elle débauche et ruine mon mari. Je suis dans mon droit...

— Minute, la petite mère, — répondit sentencieusement le caporal, — il n'y a pas de droit qui fasse, vous mettez tout ici en brindezingues y compris la tête de l'hôtesse... ça ne peut pas aller comme ça... vous allez venir vous expliquer au bureau de police...

— Baptiste... viens... viens... fuyons cet enfer ! j'en deviendrai fou ! — s'écria le cousin Roussel éperdu en saisissant M. Jouffroy par le bras, — viens, suis moi...

— Joseph... ah!... c'est toi...—répondit le vieillard reconnaissant son ami, sans paraître ressentir aucune émotion, — Joseph... ah! oui... Joseph...

— Viens... viens!... — reprit le cousin Roussel éperdu d'horreur en entraînant M. Jouffroy, qui le suivit docilement; ils montèrent dans un fiacre et la voiture se dirigea rapidement vers la demeure de Fortuné Sauval.

XXI

La voiture qui venait d'amener le cousin Roussel et M. Jouffroy, chez Fortuné Sauval, s'éloignait, lorsqu'un commissionnaire à la longue barbe, portant son grand chapeau auvergnat enfoncé jusque sur ses yeux, s'approcha de la grille de la maison de l'orfèvre, sonna, et le portier ouvrit.

— Monsieur le concierge. — dit le commissionnaire. — Est-ce ici que demeure M. Fortuné Sauval orfèvre...

— Oui, mon brave homme.

— Il y a-t-il dans l'atelier de M. Sauval, un jeune ouvrier nommé Michel?

— Oui.

— Je suis chargé de lui remettre à lui-même des objets précieux.

— C'est très facile... Ma femme va vous accompagner jusqu'aux ateliers, vous attendrez dans la salle du bas, et l'on préviendra M. Michel qui n'est pas ouvrier, mais chef d'atelier, s'il vous plaît.

— L'on m'avait dit ouvrier, je n'en sais pas davantage... Son grand-père ne travaille-t-il pas aussi dans la maison?.

— Sans doute... C'est le père Laurencin, digne homme! Hier, il ne se possédait pas de joie en nous annonçant le mariage de son petit-fils.

— Ah! M. Michel va se marier?

— Avec la perle de l'atelier, Mademoiselle Camille,..

— Ah! il va se marier... — répéta le commissionnaire en réfléchissant, — et la demoiselle qu'il épouse, est employée dans les ateliers de M. Sauval?

— Oui, elle demeure ici avec Madame Catherine. — Et s'adressant à sa femme, le concierge ajouta:

— Conduis ce brave homme aux ateliers, tu prieras M. Michel de descendre.

Le commissionnaire suivant la femme du concierge, arrive devant un grand bâtiment, et pendant que sa conductrice monte au premier étage, l'homme à longue barbe s'assied dans une salle située au rez-de-chaussée, tire de sa poche un crayon, un carnet dont il déchire un feuillet, écrit à la hâte quelques mots sur ce papier, et le replace ensuite dans sa poche.

Bientôt Michel paraît vêtu de sa blouse de travail, et ceint de son tablier de basane; le bonheur que cause au jeune homme la pensée de son prochain mariage avec Camille, rayonne sur son visage.

— Vous avez à me parler? — Dit Michel au commissionnaire. — Vous avez quelque chose à me remettre?..

— Oui Monsieur... Si vous êtes bien M. Michel...

— C'est moi.

— M. Michel Laurencin?

— Oui.

— Chef d'atelier chez M. Sauval?

— Oui, oui.

— Je vous demande ça, Monsieur, parce

que la personne qui m'envoie m'a expressément recommandé de ne remettre qu'à vous-même les objets précieux dont je suis chargé, à savoir : une lettre, un écrin et un gros paquet cacheté.

— Un écrin... un paquet cacheté ? — dit Michel assez surpris. — Et qui m'envoie cela.. ?

— Je l'ignore, Monsieur.

— Comment vous l'ignorez ?

— Ce matin j'étais à mon coin habituel, près le boulevard Saint Antoine, un vieux monsieur descend d'un fiacre, me confie les objets en question, me donne votre adresse, me paye d'avance, en ajoutant au salaire de ma course, un bon pourboire et me dit : — « Partez vîte, mon brave
« homme, M. Michel Laurencin sera bien
« content de ce que vous lui apportez, ce
« sont des papiers de famille. »

—Des papiers de famille ?..

— Oui monsieur. Et le vieillard a ajouté : ces papiers proviennent de la mère de M. Michel.

— De ma mère ? — s'écria le jeune

homme. — Cet homme vous a dit que ces papiers provenaient de ma mère?

— Certainement, Monsieur, voici ce paquet cacheté, ainsi que la petite boîte qui renferme un portrait. — Ajouta le commissionnaire en tirant de sa poche une enveloppe volumineuse, et un petit étui de chagrin, pareil à ceux qui contiennent les portraits en miniatures.

Michel, de plus en plus surpris et agité, étendait la main vers ces objets, mais le commissionnaire se recula, les replaça dans sa poche et dit :

— Pardon, Monsieur... J'ai mes ordres.

— Quels ordres?

— Le vieux Monsieur m'a dit : M. Michel se marie bientôt...

— Cet étranger, sait que...

— ... Que vous vous mariez avec une jeune ouvrière de votre atelier, nommée Camille.

— Qu'est-ce que tout cela signifie? — se demandait le jeune homme abasourdi — c'est incompréhensible!

Et il reprit tout haut avec impatience :

— Finissons, puisque ces objets me

sont destinés, remettez-les moi à l'instant,

— Je ne peux pas, Monsieur, j'ai mes ordres... Je ne dois vous remettre ce paquet et ce portrait qu'en présence de votre fiancée...

— De ma fiancée?...

— Et d'une autre personne nommée : Madame Catherine...

Un ouvrier passait en ce moment, se dirigeant vers l'escalier de l'étage supérieur, Michel, aussi surpris qu'impatienté des lenteurs et des réponses du messager, s'écria :

— Jacques, ayez l'obligeance de prier madame Catherine et Camille de descendre tout de suite, et de venir me retrouver ici.

— Je vais à l'instant les prévenir, monsieur Michel, — répondit l'artisan.

XXII

Michel, en proie à une émotion, à une curiosité croissantes, en songeant que les papiers dont il s'agissait provenaient de sa mère, dit au commissionnaire :

— Il me paraît extraordinaire, que l'on confie ainsi légèrement à quelqu'un des papiers de famille?

— Monsieur, je suis médaillé...

— Soit. Mais ce vieillard si exactement renseigné sur mon compte, pouvait m'apporter lui-même ces objets; puis, pourquoi cette bizarre recommandation de ne les remettre qu'en présence de madame Catherine et de la jeune fille que je dois épouser?...

— Je n'en sais rien, monsieur... Je fais ma commission selon qu'on me l'a donnée.

A ce moment, Catherine et Camille descendirent de l'étage supérieur, Camille non moins rayonnante que Michel ; Catherine heureuse du bonheur des deux fiancés.

— Bonne mère Catherine — dit le jeune homme ; — il m'arrive quelque chose de bien étrange.

— Qu'est-ce donc, — Michel ? demanda Camille. — Vous semblez inquiet !

— Ce commissionnaire est chargé, dit-il, de...

— Pardon, monsieur, — se hâta d'ajouter l'homme à longue barbe en interrompant Michel : — Je vais, maintenant que cette dame et cette demoiselle sont là, me conformer aux ordres que j'ai reçus ; et, en présence de madame et de mademoiselle, — poursuivit lentement le commissionnaire : — Je vais, monsieur Michel Laurencin, vous remettre d'abord ce billet, à votre adresse... quand vous l'aurez lu, je vous remettrai les autres objets, ainsi qu'il m'a été recommandé de le faire...

— C'est singulier... Il me semble que la voix de cet homme ne m'est pas inconnue; — se dit Catherine, examinant attentivement le commissionnaire qui venait de remettre à Michel un billet dont il s'empressait de prendre lecture.

Ce billet contenait ces mots :

« Catherine Vandaël est votre mère, elle
« vous a abandonné au berceau, elle a été
« pendant quinze ans une éhontée courti-
« sanne, trafiquant de ses charmes sous le
« nom de *madame de Morlac* : Vous connais-
« sez son écriture, lisez les lettres que l'on
« vous envoie, elles sont de sa main, elles
« vous prouveront par le cynisme dont
« chaque ligne est empreinte, l'ignoble
« corruption de votre mère ; à ces lettres
« est joint son portrait donné autrefois,
« par elle, à l'un des nombreux amants
« qu'elle a ruinés ; interrogez-la sur son
« infâme passé ; si fourbe, si audacieuse
« qu'elle soit, elle n'osera nier la vérité.

Un ami de la vérité.

« Ce soir, une lettre adressée à votre « patron et aux ouvriers de son atelier, « instruira vos camarades, que vous êtes « le fils de Catherine de Morlac, la courti- « sanne. »

— Grand Dieu ! — s'écria Michel, après avoir lu ce billet, et devenant d'une pâleur mortelle, il resta un moment muet, pétrifié, la tête baissée sur sa poitrine.

— Michel ! qu'avez-vous ? — s'écria Catherine, tandis que Camille, non moins effrayée, disait en tremblant :

— Madame Catherine, comme il est pâle... C'est donc une mauvaise nouvelle qu'on lui annonce ?

Le jeune homme se réveillant comme en sursaut, relut les quelques lignes tracées sur le billet, s'adressa au commissionnaire et lui dit d'une voix altérée :

— Les lettres, le portrait ?...

Le messager tira de sa poche l'enveloppe cachetée et le petit écrin, l'ouvrit préalablement afin de placer le portrait en évidence, et remit les deux objets à Michel. Celui-ci poussa un cri déchirant après avoir jeté les yeux sur le médaillon représentant Catherine de Morlac dans tout l'éclat de sa jeunesse et de sa beauté. A l'entour de ce portrait, on lisait ces mots, gravés dans la bordure : *Catherine à Mauléon : Amour pour la vie!*

— Michel! au nom du ciel, qu'avez-vous? — s'écria Catherine de plus en plus alarmée : — votre silence m'effraye!

Le jeune homme, sans répondre, rompit d'une main convulsive le cachet de l'enveloppe, prit l'une des lettres qu'elle contenait, la parcourut, reconnut l'écriture de Catherine et bientôt frissonna d'indignation, de dégoût, en murmurant :

— Ah! plus de doute...

— Mademoiselle, prenez ceci et lisez, vous apprendrez une chose qu'il vous importe de savoir à propos de madame Catherine — dit à haute voix le commissionnaire en remettant à Camille le feuillet où il avait écrit ces mots :

Catherine est la mère de Michel, elle a été pendant quinze ans Courtisanne à Paris.

Michel entendit les paroles de l'homme à longue barbe, le vit remettre le billet à la jeune fille à l'instant où Catherine, agitée d'un terrible pressentiment s'écriait :

— Michel, je vous en conjure, répondez-moi, quels sont ces papiers ?

— Ah !.. vous me faites horreur ! — répondit-il, — tout est fini pour moi !

Et, éperdu, il sortit précipitamment de la salle, alors que le père Laurencin accourait par une autre porte en s'exclamant ainsi :

— Mes amis, quel horrible malheur ! ce pauvre M. Jouffroy est devenu fou .. M. Roussel vient de le ramener.

— Grand Dieu !.. est-il possible !... — s'écrièrent à la fois Catherine et Camille, au moment où Mauléon, méconnaissable sous sa longue barbe postiche et ses vêtements de commissionnaire, disparaissait rapidement, profitant du trouble, où la sortie éperdue de Michel et la triste nouvelle apportée par le père Laurencin, jetaient les divers personnages de cette scène.

XXIII

La tante Prudence, le cousin Roussel et Fortuné Sauval étaient réunis dans la chambre à coucher de Marianne, qui venait de rentrer, essuyant ses yeux rougis par les larmes.

— Mon père repose, — dit-elle à son mari, — son état n'offre rien d'alarmant, le médecin vient de m'en assurer encore.

Profondément tristes et recueillis, ces membres de la famille Jouffroy formaient une sorte de conseil de famille, ils allaient aviser aux résolutions à prendre, ensuite des événements dont le cousin Roussel s'était trouvé témoin durant la matinée.

Ramené par lui auprès de sa fille et de sa sœur, M. Jouffroy, malgré l'obscurcissement de son intelligence, avait éprouvé une assez vive émotion à la vue de la tante Prudence, de Marianne et de Fortuné, puis tombant en défaillance, il était resté depuis dans un affaissement profond, participant à la fois de la torpeur et du sommeil.

— Mes amis, — dit la tante Prudence d'une voix grave et émue, — grâce à Dieu mon pauvre frère nous est rendu ; mais ne nous abusons point, il est à craindre que son esprit ne se relève jamais du coup dont il a été frappé ! Enfin, nous aurons du moins désormais mon frère près de nous ; nos soins, notre sollicitude, notre tendresse ne lui manqueront jamais. Maintenant songeons à Aurélie et à sa mère.

A ces mots, un soupir douloureux souleva le sein de Marianne, ses larmes, un instant contenues, coulèrent de nouveau; son mari placé près d'elle lui serra la main.

— Courage, amie, — lui dit-il, — courage... ne désespérons pas, quoique notre cousin ait été, il est vrai, témoin ce matin d'une scène horrible.

— Horrible ! — reprit Joseph, — cette malheureuse Aurélie... la figure ensanglantée...

— Ah ! c'est affreux ! — murmura Marianne avec un sanglot, — malheureuse sœur !..

— Il est regrettable que cette scène se soit passée en présence de notre ami, — reprit la vieille fille, — je connais l'orgueil de ma belle-sœur et d'Aurélie... Hélas ! ne voyez pas à ce propos la moindre amertume dans mes paroles, je constate un fait, or, il me semble difficile... je ne veux point dire impossible... qu'Aurélie et sa mère, nous sachant instruits de ces tristes circonstances, consentent à se rapprocher de nous, les ressentiments de leur amour-propre blessé, creuseront toujours un abîme entre elles et nous.

— Oh ! ma tante, croyez-vous que ma mère... ma sœur, résisteront à nos larmes ! aux preuves de notre attachement inaltérable ?

— Ma pauvre enfant, tu as entendu le récit de Joseph, il ne nous a rien caché, il ne devait rien nous cacher... Rappelle-toi les accusations malheureusement fondées dont cette femme, épouse outragée, a accablé Aurélie et sa mère... Rappelle-toi enfin ces terribles paroles que celle-ci adressait à sa fille : — « Maudit soit le « jour où je t'ai enfantée ! »

Marianne cacha sa figure entre ses mains.

— J'ajouterai, — reprit le cousin Roussel, — qu'à mon sens, il est évident que si madame Jouffroy, malgré l'emportement de son caractère, est restée anéantie, muette devant d'ignobles injures prodiguées à sa fille, et a enfin perdu connaissance, c'est que cette scène se passait en ma présence, à moi, jadis chassé par elle, parce que je tâchais de lui faire entendre e langage de la raison...

— Enfin, et de grâce, chère Marianne... ne te chagrine pas de mes paroles... nous constatons les faits, ainsi que l'a dit ta tante, nous aviserons tout-à-l'heure pour le mieux, — reprit Fortuné,

— je dois te l'avouer, lors de cette visite que je t'ai cachée, préférant alors te laisser tes espérances, tes illusions, croire en un mot que ta sœur, après sa liaison avec le prince, voyageait avec ses parents, j'avais été surtout profondément attristé, alarmé dans cette entrevue, par l'aigreur, par l'irritation à peine contenues d'Aurélie et de sa mère à mon égard. Pauvres femmes! malgré mes paroles affectueuses, attendries, elles rougissaient devant moi... j'étais leur vivant remords, l'une et l'autre m'avaient autrefois dédaigné, repoussé!..

—Mon Dieu!—reprit Marianne fondant en larmes, — faut-il donc renoncer à tout espoir? non, non, c'est impossible... Nous savons maintenant où trouver ma mère et ma sœur, nous ne pouvons pas, nous ne devons pas les laisser dans cette affreuse position... Je voulais tout-à-l'heure, confiant mon père à vos soins, me rendre en hâte auprès de maman et d'Aurélie... Ah! si j'en crois mon cœur, je vous les aurais ramenées toutes deux!

— Mon enfant, — reprit la tante Prudence, — rien de plus louable que ton empressement, mais nous avons, selon moi, sagement agi, en nous concertant, en réfléchissant mûrement sur la conduite à tenir dans cette grave circonstance; plus que personne, je rends justice à tes sentiments. Mais il ne faudrait point cependant oublier ceci : Tu as un mari, tu as une fille, tu les chéris, tu jouis d'un bonheur et d'une considération mérités, ne serait-il pas imprudent de t'exposer à compromettre sans résultat le repos de ta vie ?

— De grâce, ma tante, que voulez-vous dire ?..

— Autant il serait lâche, stérile, cruel d'insulter à l'abaissement où sont tombées ta mère et ta sœur, autant il serait dangereux, coupable même, de ne point envisager les conséquences, sinon probables, du moins possibles de cet abaissement, en ce qui touche ta tranquillité à venir. Je suis loin de me sentir indifférente aux malheurs d'Aurélie et de ma belle-sœur, je suis résolue, quant à moi, malgré tout ce qu'a souffert mon pauvre frère, de faire aussi large que possible la part du repentir, de l'indulgence, du pardon; mais écoute donc, mon enfant, tu n'as jamais failli, toi! jamais les préférences dont tu voyais ta sœur l'objet, n'ont altéré l'angélique bonté de ton caractère; si tu es heureuse aujourd'hui, si tu as conquis l'estime, puis l'amour de ton mari, c'est par ton dévoûment, par ta résignation, par la délicatesse, par l'élévation de tes sentiments, et ma foi! je te le dis tout net! je me préoccupe avant tout, de toi, de ton mari et de ta fille...

— Pourtant ma tante, je...

— Laisse-moi achever : admettons, ce dont je doute fort, que ta mère et ta sœur, ensuite de la terrible leçon de ce matin, cèdent à nos prières et prennent la ferme résolution de rentrer dans la voie du bien...

— Oh! je n'en doute pas, moi...

—Soit, mais il faut, ma pauvre enfant, aller au fond des choses, si répugnantes qu'elles soient, Aurélie et ta mère ne possèdent plus une obole, c'est en partie pour échapper à la misère, selon ce que nous a dit le cousin Roussel, que ta sœur avait accepté d'être entretenue par...

— Oh! pitié, ma tante! — dit Marianne, révoltée de cette qualification de *femme entretenue* donnée à sa sœur. — De grâce! pitié pour elle!

— Ma chère enfant, — reprit Joseph, — ton mari te dira comme Prudence et moi, que, dans cette question, si affligeante pour notre famille, nous devons ne rien farder, ayons le courage d'envisager la réalité, si nous voulons agir efficacement.

— Pauvre chère Marianne, notre cousin a raison, — ajouta tendrement Fortuné, — ton âme, délicate et pure, se révolte de certains mots, de certains faits, dont ta chaste pensée ne devrait jamais être souillée? mais, hélas! les maladies ont leur nom, faut-il s'abstenir de le prononcer, lorsqu'on tâche à les guérir? ne faut-il pas, pour panser les plaies, les sonder, si repoussantes qu'elles soient? Nous ressentons, comme toi, une douloureuse commisération pour ta mère et ta sœur... rien ne nous coûtera pour les retirer à jamais de l'horrible situation où elles sont tombées...

— Rien... oh! rien!.. — s'écria Marianne, — et ensuite... un oubli complet du passé...

— Ah! l'oubli... l'oubli! — reprit la vieille fille, en secouant tristement la tête, — là est l'écueil... les âmes généreuses oublient le mal qu'on leur a fait; mais, telle est la conscience humaine, que ceux qui ont fait le mal ne l'oublient jamais... c'est leur expiation, s'ils se repentent..., c'est leur châtiment, s'ils restent endurcis ! J'admets donc que ta mère et ta sœur se repentent, qu'à notre voix, elles reviennent à une vie meilleure, elles sont sans ressources...

— Hé! ma tante! que nous importe!

— Je te comprends, mon enfant, notre fortune, et le talent de ton mari, nous mettent, grâce à Dieu, en état de partager notre aisance avec Aurélie et ta mère...

— Oh! oui! — reprit Marianne, avec un élan d'espoir, — elles ne nous quitteront plus à l'avenir, ainsi que mon pauvre bon père.

La vieille fille, contenant ses larmes, ajouta, après un moment de pénible silence :

— Ne parlons pas maintenant de mon frère, mon cœur se briserait, il faut songer uniquement à la prompte décision qu'il est urgent de prendre. Je suppose ta sœur et ta mère établies ici ; leur repentir est sincère, elles sont résignées à vivre près de nous, dans une retraite absolue, toi, moi et ton mari, nous avons oublié complètement le passé; mais, chère enfant, elles ne l'oublieront pas ! elles ne pourront pas l'oublier, ce fatal passé ! incessamment, il pèsera sur leur conscience. Aussi, désormais ombrageuses, susceptibles, se sentant dans notre dépendance, puisqu'elles ne possèdent plus rien, elles seront toujours, quoique nous fassions, en défiance à notre égard; nous devrons, de peur de les blesser, je ne dirai point par des allusions au passé..., nous sommes incapables de ces lâchetés..., mais par un mot involontaire; nous devrons constamment veiller sur nos moindres paroles, et si, par malheur, malgré notre contrainte, notre réserve, notre vigilance sur nous-mêmes, il nous échappe..., et cela ne saurait manquer d'arriver..., il nous échappe un mot pouvant prêter à une interprétation fâcheuse, ta mère et ta sœur dévoreront, en silence, ce qu'elles regarderont comme une humiliation, et leur tristesse t'affligera; ou bien, elles éclateront en reproches amers, et ton foyer, jusques à présent si paisible, si heureux, deviendra un enfer.

— Mon Dieu, ma tante, n'est-ce pas là de l'exagération ?

—Malheureusement, je n'exagère point; tu souffriras de ces résultats, bien différents de ceux que tu attendais, ton mari se désolera de ton chagrin, et malgré sa bonté, son indulgence pour elles, il lui sera difficile de cacher absolument à ta mère et à ta sœur, qu'avant leur arrivée ici, jamais le moindre nuage n'obscurcissait votre vie. Ce n'est pas tout; tu as une fille... elle aura dans peu d'années l'âge de raison, rien de plus clairvoyant que les enfants à l'endroit des choses que l'on veut qu'ils ignorent... La moindre indiscrétion de ta part ou de celle de Fortuné peut mettre votre fille sur la voie du honteux secret que nous avons tous intérêt à garder ; enfin, lorsqu'elle sera en âge de se marier, ne pourra-t-on point dire... car tôt ou tard tout se sait à Paris... que mademoiselle Sauval a été élevée près de sa tante, madame de Villetaneuse, autrefois femme entretenue, et de madame Jouffroy, complice des désordres de sa fille? Ces expressions te navrent, te blessent, pauvre enfant! Hélas! à moi, elles me brûlent les lèvres en les prononçant! l'une des malheureuses femmes dont il s'agit, n'est-elle pas la fille de mon frère? l'autre sa femme? ne les ai-je pas connues toutes deux honorées, honorables? mais la réalité est la réalité... Je ne parle pas même de l'espèce de déconsidération qui pourrait rejaillir sur toi et sur ton mari, parmi les personnes choisies dont se compose votre clientèle, lorsqu'elles sauraient..., car je le répète, tout se sait à Paris... que sous ton toit de mère de famille, habitent ta sœur connue par son inconduite, et sa mère, coupable d'une indigne tolérance... Tout cela est cruel, est odieux..., mais qu'y faire? le vice a forcément de déplorables conséquences, et l'une des plus douloureuses est de souiller ce qui l'approche...

— Ma tante! Est-ce bien vous que j'entends...? quoi! votre avis serait de repousser ma sœur et ma mère de notre maison!
— s'écria Marianne, avec autant d'affliction que de découragement. — Les repousser, grand Dieu! alors que leur dernier espoir est sans doute en nous!!

— Tu te méprends sur ma pensée, mon enfant... loin de te conseiller de les repousser, je crois au contraire que nous devons aller à elles, leur ouvrir nos bras... faire tous nos efforts pour les arracher de l'abîme, assurer leur avenir, leur indépendance, leur aisance, dans les limites du possible... mais je dis, mais je répète, que les établir tout d'abord céans, me semble une très-grave imprudence...

— Hélas! ma tante, elles croiront que nous rougissons d'elles!

— Si elles doivent avoir cette croyance, et par ma foi, elle n'est que trop fondée, elles l'auront, qu'elles vivent ici ou ailleurs, mais du moins leur présence n'apportera pas dans ta maison le trouble, les chagrins que je prévois... Si au contraire, elles ont assez conscience de leur position pour sentir ce qu'il y aurait de peu convenable dans leur séjour chez toi, elles seront les premières à prévenir ton offre en la refusant.

— Tante Prudence, — reprit Fortuné, — je ne vous le cache pas, Marianne s'est tellement habituée à cette pensée: qu'un jour viendrait où elle recueillerait nos parents près d'elle, que je n'aurais pas le courage de m'opposer à ce qu'elle regarde comme un bonheur, comme un devoir... Si ce vœu si cher à son cœur ne s'accomplissait pas, je la verrais toujours triste et soucieuse... or, je vous l'avoue, si graves, si justes que soient vos appréhensions, je risquerai de les voir se réaliser... plutôt que de causer à Marianne un sensible chagrin.

— Savez-vous, mes amis, — reprit le cousin Roussel, — ce que moi je proposerais, comme moyen terme? Le voici :

vous offririez à Aurélie et à sa mère, le choix entre ce qui leur conviendrait le mieux : soit d'habiter avec vous, soit de prendre dans votre voisinage, un appartement qu'il nous sera facile de trouver... La proposition de cette alternative s'expliquerait naturellement par votre désir de leur laisser toute latitude; si elles préfèrent demeurer ailleurs qu'ici, tu n'auras, petite Marianne, rien à te reprocher ; si au contraire elles préfèrent vivre près de toi, tu courras les chances de ta générosité ; car, mes amis... je vous l'avoue, je partagerais en cette occurrence, les appréhensions de ma vieille amie ;.. mais enfin nous parviendrions, je l'espère, à conjurer en partie les inconvénients qu'elle redoute... Que pensez-vous de mon projet, Prudence?

— C'est un moyen-terme, mon ami, ces moyens-là, vous le savez, s'accordent peu avec la décision de mon caractère; cependant, je ne le désapprouve point absolument.

— Mon mari et moi, nous l'approuvons, n'est-ce pas, Fortuné? — dit vivement la jeune femme à son mari, qui lui répondit tendrement :

— Comment pourrais-je songer à contrarier la générosité de tes sentiments, chère Marianne ?

— Et maintenant, ma tante, je vais me rendre sur-le-champ chez ma sœur.

— Peut-être conviendrait-il d'aller chez elle, tous ensemble? — ajouta le cousin Roussel, — cette démarche des membres de la famille aurait, ce me semble, quelque chose de solennel, de touchant à la fois, et exercerait peut-être, une salutaire et décisive impression.

— Je suis aussi d'avis que nous devons tous nous rendre auprès de ma mère et de ma sœur, — reprit Marianne, — mais peut-être vaudrait-il mieux que d'abord, je me présente seule à Aurélie, la solennité même de cette démarche de famille pourrait, dans le premier moment, l'impressionner trop vivement. J'emmènerai Lilie avec moi, — ajouta la jeune femme, les larmes aux yeux, — et mettant notre enfant dans les bras d'Aurélie, je lui dirai :
« Sœur, en souvenir de toi, nous avons

« donné ton nom à ma fille, qu'elle soit le
« gage de notre réunion ; que maintenant
« rien... ne... pourra... »

Marianne s'interrompit, dominée par l'émotion, et fondit en pleurs. Son mari, profondément ému, la serra dans ses bras en disant :

— Oh ! la plus noble des femmes, la plus chérie des épouses ! ! Toutes tes pensées partent du cœur, et ne sauraient manquer d'aller au cœur, ma bien-aimée Marianne ! Oui, oui, te voyant ton enfant dans tes bras, venir à elles, invoquant au nom de cette innocente créature, ce rapprochement si désiré, ta mère et ta sœur nous reviendront pour toujours, et ta douce influence, achèvera leur conversion !

— Tu dis vrai, Fortuné, toutes les pensées de notre chère Marianne, partent du cœur, et doivent aller au cœur, — reprit le cousin Roussel attendri. — Je partage l'avis de ta femme; notre présence à tous, et surtout la mienne, puisque j'ai été témoin de cette horrible scène, effaroucherait tout d'abord, Aurélie et sa mère.

— En ce cas, partons à l'instant, elles doivent être encore sous le coup des terribles événements de ce matin, — dit la vieille fille, — le moment est opportun, profitons-en.

— Marianne, sa fille, et Fortuné, monteront dans un fiacre, — dit Joseph, — et vous et moi dans un autre, ma chère Prudence, — puis il ajouta en souriant doucement, — vous pouvez m'accorder cette faveur sans vous compromettre, car enfin, dans quinze jours, vous serez madame Roussel.

— Ah ! mon pauvre ami ! — répondit la vieille fille, en secouant mélancoliquement la tête, notre mariage aura lieu sous de tristes auspices ! — et ses yeux devenant humides, — Hélas ! mon pauvre frère ! mon pauvre frère ! nous avons son corps, et non son âme !...

— Ne désespérons pas, — reprit Joseph, — qui sait si l'émotion dont il a été saisi en vous revoyant, vous, Marianne et Fortuné, n'aura pas une réaction salutaire ?

— Je vais m'informer des nouvelles de

mon père, chercher ma fille, et je reviens, — dit Marianne en sortant.

— L'espoir de notre cousin Roussel n'a rien d'exagéré, l'émotion de M. Jouffroy, peut avoir d'heureux résultats, — poursuivit Fortuné, en s'adressant à la vieille fille. — Enfin, notre démarche auprès de ces deux pauvres égarées, réussira peut-être à notre satisfaction à tous, et alors, ma tante, votre mariage qui nous comble de joie, loin d'être contracté sous de funestes augures, s'accomplira au moment où notre famille sera pour jamais réunie après tant de mauvais jours !

— Que le ciel t'entende, Fortuné! — répondit la vieille fille en soupirant ; — mais du moins dans le douloureux devoir que j'aurai à accomplir, si mon frère ne recouvre pas sa raison... son meilleur, son plus ancien ami, sera mon soutien.

Un domestique survint et dit à Fortuné:

— Le père Laurencin désirerait parler à l'instant à monsieur, il s'agit d'une chose très importante.

— Qu'il vienne, — répondit l'orfèvre,

et il ajouta :— allez chercher deux fiacres, vous les ferez attendre devant la grille.

Le domestique sortit, presque aussitôt le père Laurencin entra précipitamment.

XXIV

Fortuné fut aussi surpris qu'alarmé de l'expression de douleur et de désespoir empreinte sur les traits du vieil artisan, il s'écria d'une voix entrecoupée :

— Ah! monsieur Fortuné... je... je n'y survivrai pas!

— Mon Dieu, qu'avez-vous ? — dit l'orfèvre avec une inquiétude croissante, tandis que Joseph et la tante Prudence, non moins inquiets, se rapprochaient du vieil artisan.

— Qu'y a-t-il ?

— Quelque malheur vous est donc arrivé ?

— Michel a disparu, il s'est sauvé de

la maison éperdu comme un insensé, — s'écria le vieillard, et il ajouta en sanglottant : — misère de moi ! s'il n'est pas devenu fou... il est allé se jeter à la rivière !

— Que dites-vous ! — reprit l'orfèvre stupéfait, — hier encore... ivre de joie..., il m'amenait sa fiancée, me remerciant avec transport de l'avenir que je lui assurais, ainsi qu'à vous et à Catherine !

— Malheur à nous ! il sait qu'elle est sa mère !

— Grand Dieu !

— Malheur à nous ! — répéta le vieillard d'un ton déchirant, — Michel sait quelle a été la déplorable vie de cette malheureuse femme pendant quinze ans !... Camille aussi... le sait... chère et innocente enfant !..

— Mais cette révélation, qui l'a faite ?..

— Elle était écrite dans une lettre remise à Michel... par un commissionnaire, envoyé sans doute par cet infernal Mauléon qui a juré de se venger de Catherine ! il a remis en outre à mon petit-fils, un portrait de sa mère et des lettres d'elle autrefois écrites à ce Mauléon, avec un cynisme effrayant ! toutes preuves accablantes enfin ! Ce n'était pas assez, cet homme a donné à Camille un billet contenant ces mots : « Catherine est la mère de « Michel, elle a été pendant quinze ans « courtisanne à Paris. »

— Ah ! c'est affreux ! — se dirent les témoins de la douleur du vieillard, — mais Michel ?..

— Après avoir lu ce billet, regardé le portrait, déchiré l'enveloppe renfermant les lettres de sa mère, reconnu son écriture en parcourant l'une d'elles, il n'a pu conserver de doute sur la vérité, il a jeté loin de lui les lettres et le portrait que nous avons ramassés... puis éperdu il a quitté la maison, s'écriant que nous ne le reverrions jamais !

— Ah ! le malheureux ! et sa mère ?

— Elle a été d'abord en proie à une violente attaque de nerfs, nous l'avons transportée dans sa chambre, maintenant elle est effrayante, elle ne dit pas un mot, elle ne parle pas de son fils, elle a l'œil fixe et sinistre; cette pauvre Camille fond en larmes à côté de son lit, elle ne paraît ni la voir, ni l'entendre. Ah! monsieur Fortuné, je n'y survivrai pas... Ce malheureux enfant, dans son désespoir, aura couru se jeter à l'eau... Misère de moi! Catherine avait raison, son fatal passé devait tôt ou tard s'appesantir sur elle et sur son fils! C'était trop de bonheur pour nous!

— Bon père, — reprit Fortuné de plus en plus appitoyé, — rien n'est désespéré! cette soudaine révélation a dû porter à Michel un coup affreux... mais la violence de ce ressentiment s'apaisera, la réflexion le ramènera près de vous, près de sa fiancée, près de sa mère, et quand il saura avec quel courage, avec quelle héroïque vertu Catherine a expié ses égarements... comment enfin elle s'est régénérée par l'amour maternel... il ne ressentira pour elle que commisération et estime!

— Ah! vous ne le connaissez pas, monsieur Fortuné; vous n'imaginez pas combien il a horreur du vice; et puis il se dit que Camille sait qu'il est le fils d'une courtisane; il y a de quoi, voyez-vous, lui faire perdre la tête!

Le domestique vint à ce moment dire à l'orfèvre :

— Les deux voitures sont à la grille, madame attend monsieur.

— Il me faut vous quitter, bon père, mais nous serons bientôt de retour, — dit Fortuné au vieillard, — hélas! c'est pour nous tous un jour funeste que celui-ci.

— Dès notre arrivée, nous irons voir Catherine, — ajouta la tante Prudence, — nous essaierons de la calmer, de la consoler, de lui faire comprendre qu'en effet rien n'est désespéré.

— Non, certes! — dit le cousin Roussel, — reprenez courage, père Laurencin, si profonde que soit la répulsion de Michel pour le vice, lorsqu'il saura le dévouement de sa mère pour lui, et avec quelle vaillance elle s'est réhabilitée, il ne rougira plus d'elle.

— Mon Dieu! mais cette réhabilitation il l'ignore! et voilà ce qui m'épouvante! — reprit le vieillard avec angoisse, — s'il était instruit de l'admirable conduite de Catherine, je pourrais espérer de le voir revenir à elle ; mais encore une fois, il ignore tout ce qu'elle a fait afin d'expier le passé ; il ne connaît d'elle que son opprobre dont il se croit solidaire. Nous ne reverrons plus mon pauvre Michel ! tout est perdu !... tout est fini pour moi !..

Fortuné Sauval après avoir en vain tâché de consoler la douleur du vieillard, se hâta de se rendre chez Aurélie avec Marianne et sa fille, la tante Prudence et le cousin Roussel.

XXV

Fortuné Sauval en se rendant ainsi que sa femme et sa fille, rue Notre-Dame-de-Lorette, où demeurait madame de Villetaneuse, et songeant à l'ignoble scène dont le cousin Roussel avait été témoin dans la matinée, scène qui pouvait se renouveler sous une autre forme, pensa qu'il serait inconvenant et imprudent à lui, de conduire Marianne chez sa sœur, sans être certain que celle-ci se trouvait seule avec madame Jouffroy.

Les deux voitures s'étant arrêtées, l'orfèvre laissa dans l'une, le cousin Roussel et la tante Prudence, dans l'autre, sa femme et sa fille, puis il monta au second étage, où demeurait la comtesse. Quoiqu'il eût sonné deux fois, l'on tarda pendant assez longtemps à lui ouvrir, enfin la servante encore effarée des évènements du matin, parut et entrebâilla la porte.

— Je desire parler sur-le-champ à madame de Villetaneuse... ou plutôt, — ajouta Fortuné se souvenant du faux nom que prenait sa cousine; — ou plutôt à madame d'Arcueil.

— Madame est sortie, répondit d'un ton bourru la servante, et elle allait fermer la porte, lorsque Fortuné espérant adoucir ce cerbère, tira de sa poche un louis, le mit dans la main de la servante, et lui dit vivement :

— Là ne se borneront pas mes libéralités, si vous m'écoutez, surtout, si vous me répondez sincèrement.

— Alors, monsieur, entrez vîte, — reprit la servante, prenant soudain une physionomie engageante; et fermant la porte du pallier, elle introduisit Fortuné dans la cuisine.

— Je suis parent de votre maîtresse, — reprit l'orfèvre. — Je désire savoir si elle est ici en ce moment, ainsi que madame Jouffroy, et si ces dames sont seules... Je suis instruit de ce qui s'est passé ce matin, vous pouvez donc me parler en toute sécurité.

— Vous savez donc que la femme du *monsieur* de madame a fendu la tête à madame d'un coup de canne ?...

— Oui, oui... — répondit l'orfèvre frissonnant de dégoût et de pitié ; — mais, quelles ont été les suites de cette blessure ? Comment se trouve votre maîtresse à cette heure ?...

— Je n'en sais rien, monsieur, elle est sortie.

— Sortie ?... malgré sa blessure, c'est impossible !...

— Je vous jure mes grands dieux, monsieur, que madame n'est plus ici, vous pouvez la chercher partout dans l'appartement, vous ne la trouverez pas.

— Qu'est-il donc arrivé depuis tantôt ?

— Après que la garde a eu emmené la femme de M. Badinier... (M. Badinier est le nom du *monsieur* de madame...) nous avons couché sa mère, elle s'était trouvée mal, elle a eu ensuite un accès de fièvre chaude, j'ai mis de mon mieux un bandeau sur la blessure de madame, j'achevais de la panser, lorsque voilà bien une autre histoire !

— Quoi donc, encore ?...

— M. Badinier dans un accès de colère blanche, arrive comme un forcené, et sans égards pour madame qui souffrait de sa blessure comme une damnée, sans égards pour madame Jouffroy qui battait la campagne dans son délire, voilà que M. Badinier, se met à agoniser madame de sottises, à l'appeler canaille, et autres gros mots dégoûtants, enfin à lui reprocher qu'elle avait un jeune homme !...

— Mon Dieu ! mon Dieu ! — pensait Fortuné. — Dans quelle abjection cette malheureuse est tombée ! Elle est à jamais perdue... Je ne puis plus songer à lui offrir un asile chez moi, non, je ne le peux pas, par respect pour ma femme et pour ma fille...

— Enfin — poursuivit la servante — lorsque M. Badinier a eu dit à madame les cent horreurs de la vie sur sa conduite avec son jeune homme, il lui a signifié, que si elle et sa mère ne filaient pas d'ici avant quatre heures du soir, il reviendrait avec un huissier les flanquer toutes deux à la porte, vu que l'appartement était loué en son nom, et que les meubles lui appartenaient; enfin, il a eu la bassesse de défendre au portier de rien laisser sortir d'ici, sinon les effets de madame et de sa mère, qu'il leur laissait, disait-il, par charité, vu qu'elles n'avaient pas seulement une bonne chemise à se mettre sur le corps, quand il a commencé d'entretenir madame...

Fortuné ne put retenir ses larmes au récit de tant d'humiliation, de tant d'opprobre, et, par un retour involontaire au passé, il se souvenait d'Aurélie, belle, chaste, heureuse jeune fille, se préparant à partir pour le bal, lors de cette soirée où il était venu faire ses propositions de mariage à la famille Jouffroy...

La servante, ne remarquant pas l'émotion de l'orfèvre, continua :

— Vous jugez, monsieur, la position de

madame : la voilà sur le pavé ; elle a beaucoup de dettes, elle me doit trois mois de gages ; je ne dis pas ça par intérêt, car madame est très bonne ; il n'y a que sa mère qui bougonne toujours, parce qu'il ne se passe pas de jour sans que les créanciers viennent faire des scènes terribles, et cependant ils savaient que M. Badinier avait de quoi, et...

— Mais comment, blessée si gravement, votre maîtresse a-t-elle eu le courage, la force de sortir ?

— C'est encore une autre histoire. M. Badinier venait de s'en aller furieux, lorsque l'on sonne, je vas ouvrir, je vois un jeune homme, mais beau... mais beau... et avec ça, si bien mis...

— Achevez... achevez...

— Il me dit qu'il veut parler tout de suite à madame ; pensant bien qu'elle ne voulait recevoir personne dans l'état où elle était, je réponds qu'elle n'y est pas.

« — C'est impossible ; elle m'a donné ren-
« dez-vous ici, ce matin, — me dit le beau
« jeune homme ; — portez-lui cela. » Et il me remet un petit billet qu'il écrit au

crayon. Moi, je me dis : Bien sûr, c'est le jeune homme que M. Badinier reprochait à madame...! Je cours lui porter le billet auprès du chevet du lit de sa mère qu'elle ne quittait pas, et qui, dans sa fièvre chaude, battait toujours la campagne. Madame m'ordonne de faire tout de suite entrer le jeune homme... (c'était le sien pour sûr)... Ils sont restés cinq minutes ensemble, et puis madame a mis un grand châle, un chapeau avec un voile noir, qui cachait le bandeau que j'avais placé sur sa blessure, et ils sont sortis tous deux. Madame m'a bien recommandé de veiller sur madame Jouffroy, et m'a donné une lettre que je...

Puis, réfléchissant :

— Ah ! mon Dieu... Monsieur est parent de madame ?...

— Oui.

« — Vous remettrez cette lettre à un
« commissionnaire, — m'a dit madame
« en me donnant un billet cacheté. — Il la
« portera chez le premier bijoutier venu,
« celui-ci donnera l'adresse de la per-
« sonne à qui cette lettre est destinée...

« le commissionnaire la portera, et... »

— Cette lettre, où est-elle ?

— Elle est encore sur la commode de la chambre de madame. Je n'ai pas osé quitter sa mère, de peur qu'elle ne se jette à bas de son lit pendant sa fièvre chaude. Je me rappelle qu'il y a sur l'adresse de la lettre : *A Monsieur Fortuné Sauval, orfèvre*...

— C'est pour moi.

— Alors, Monsieur, je vais aller la chercher...

— Je vous suis... Ce que vous m'apprenez de l'état de madame Jouffroy m'alarme ; je veux la voir. N'avez-vous pas été chercher un médecin ?

— Non, Monsieur. Madame allait m'envoyer en chercher un, lorsque son jeune homme est arrivé.

— Conduisez-moi vite dans la chambre de madame Jouffroy.

— Venez, Monsieur.

Fortuné suivant la servante, traversa le salon jonché des débris de glaces et de porcelaines, les meubles en désordre ou renversés étaient disséminés çà et là ; une large tache de sang caillé rougissait le parquet, Fortuné détourna les yeux avec horreur, et entra dans la chambre où était couchée madame Jouffroy. Au délire de sa fièvre succédait alors chez elle une torpeur profonde, les joues empourprées, l'œil ardent, le front baigné de sueur, la respiration sifflante, saccadée, les lèvres déjà noirâtres, désséchées, cette malheureuse femme haletait, offrant tous les symptômes de l'une de ces maladies foudroyantes qui frappent de préférence les constitutions robustes, telle que celle de madame Jouffroy. Elle se trouvait en outre à cet âge critique des femmes sur le retour, qui rend les maladies inflammatoires doublement dangereuses et rapides.

Fortuné, malgré son ignorance de l'art médical, fut épouvanté de la décomposition des traits de madame Jouffroy, ce fut près de ce lit de misère, où gisait cette femme abandonnée de tous, et menacée d'être bientôt jetée sur le pavé, que Fortuné lut la lettre suivante que venait de lui remettre la servante et qu'Aurélie lui adressait :

« Mon cher Fortuné, déjà sans doute
« notre cousin Roussel, qui a emmené
« mon père, vous a instruit de ce qui s'est
« passé ce matin chez moi.

« Ma mère, accablée par de douloureuses
« émotions, vient d'être atteinte d'une
« fièvre cérébrale.

« S'il s'agissait de moi, je ne voudrais,
« ni n'oserais à aucun prix invoquer nos
« liens et les souvenirs de notre ancienne
« amitié; mais je les invoque sans hésiter,
« dès qu'il s'agit de ma mère. Pardonnez-
« lui, mon cher Fortuné, ayez pour elle
« indulgence et compassion, son aveugle
« tendresse pour moi l'a perdue; qu'elle
« trouve, ainsi que mon pauvre père, au-
« près de vous, de Marianne, de ma tante,
« la consolation de ses chagrins et l'oubli
« du passé; c'est l'unique... c'est la der-
« nière prière qu'il me soit permis de
« vous adresser, à vous et à ma sœur.

« Adieu, mon cher Fortuné... pour tou-
« jours, adieu...

« Notre famille n'entendra jamais par-
« ler de moi.

« AURÉLIE.

« *P. S.* J'ignore votre demeure, mais
« grâce à la célébrité de votre nom, mon
« messager trouvera facilement votre
« adresse ; aussitôt cette lettre reçue, je
« vous en conjure, venez chercher ma
« mère, *elle n'est plus en sûreté*, là où je
« la laisse... Adieu... encore adieu... »

Fortuné pleura en lisant cette lettre, son cœur se brisa, tout un monde de souvenirs navrants s'éveillaient en lui ; l'enfance, l'innocente et radieuse jeunesse d'Aurélie, sa tentative de suicide, son mariage, son existence quasi royale à la cour de Meningen, leur entrevue déchirante à la villa Farnèse, alors qu'Aurélie luttait encore entre le bien et le mal, enfin le mal l'emportant, le départ de sa cousine avec M. de Manzanarès, funeste départ qui, ne laissant plus de doute à Fortuné sur la complète perdition de la jeune femme, l'épouvanta et lui inspira ces paroles prophétiques adressées à l'aide-de-camp de Charles Maximilien :

— *Votre prince répondra un jour devant Dieu, d'une âme qu'il a perdue !*

La prophétie se réalisait.

Elle devait se réaliser d'une manière plus effrayante encore.....

Fortuné sentit l'inutilité de nouvelles tentatives, pour soustraire Aurélie à la fatalité qui l'entraînait; elle venait de quitter son logis en compagnie d'un amant, sans doute, et elle avait tellement conscience de sa dégradation présente et à venir, qu'elle terminait sa lettre en disant que *sa famille n'entendrait plus parler d'elle...*

Les moments pressaient.

Fortuné craignait que bientôt madame Jouffroy ne fût plus transportable, il donna une nouvelle gratification à la servante, en lui recommandant de ne pas quitter le lit de la mère d'Aurélie, et dans le cas où M. Badinier reviendrait accomplir ses menaces, de lui promettre qu'avant une heure au plus, un parent de madame Jouffroy, reviendrait la chercher; à l'appui de cette assurance, Fortuné écrivit quelques mots sur l'une de ses cartes de visite, la remit à la servante, puis il descendit en hâte rejoindre sa femme qui l'attendait dans le fiacre avec une impatience croissante.

— Mon Dieu ! — s'écria Marianne, frappée de l'altération des traits de Fortuné. — Il est donc arrivé quelque nouveau malheur?... Ma sœur... ma mère... où sont-elles ?..

— Retourne en hâte à la maison, faire préparer une chambre pour ta mère ; elle est très souffrante, je la conduirai bientôt chez nous.

— Son état est donc inquiétant !! — s'écria Marianne. — Je vois des larmes dans tes yeux... et Aurélie, où est-elle?...

— Marianne, je t'en supplie, ne perdons pas un temps précieux, retourne à la maison, je t'y rejoindrai bientôt, je te dirai tout.

— Mais si ma mère est souffrante dans cette maison, je veux aller près d'elle.

— C'est inutile, dans une heure au plus, tu la verrras, ma chère Marianne, en attendant, vas vite, je t'en conjure, faire préparer la chambre que ta mère doit occuper.

Puis Fortuné, afin de couper court aux nouvelles questions et objections de sa femme, s'approcha de l'autre voiture, pria la tante Prudence d'aller prendre place à côté de Marianne, et de retourner tout de suite avec elle au quartier Tivoli, tandis que le cousin Roussel et lui, iraient chercher en hâte un médecin.

Les deux voitures se mirent en marche, l'une emmenant Marianne, sa fille et la tante Prudence, l'autre conduisant l'orfèvre et le cousin Roussel, à la demeure d'un médecin ; il fut ramené rapidement rue Notre-Dame-de-Lorette, constata l'extrême gravité de l'état de madame Jouffroy, hésita d'abord à permettre qu'elle fût transportée chez sa fille ; mais cédant aux considérations pressantes que fit valoir Fortuné, il autorisa, quoique avec une vive appréhension, le transport de la malade.

Fortuné courut au bureau du commissaire de police, où se trouvent ordinairement des civières destinées aux blessés, il en obtint une de l'obligeance du magistrat, madame Jouffroy fut placée avec toutes les précautions possibles sur le brancard, on ferma les rideaux et deux portefaix le chargèrent sur leurs épaules : ce triste cortège, accompagné par Fortuné, traversait la rue de Notre-Dame-de-Lorette au moment où M. Badinier, plus furieux que jamais, croyant qu'Aurélie et sa mère n'avaient pas quitté la maison, revenait afin de les chasser de leur logis.

FIN DE LA QUATRIÈME PARTIE.

CINQUIÈME PARTIE.

I

Il existait alors, sur le boulevard des Italiens, un magasin de cannes, de fouets, de cravaches, etc, etc, etc, renommé parmi le monde élégant. Un beau jeune homme, qui par ses dehors semblait appartenir à la *fashion* parisienne, venait d'acheter dans cette boutique une charmante petite canne de bambou, dont la pomme d'or, simplement gravée, était un chef-d'œuvre d'art et de goût; jamais burin plus pur, plus habile, n'avait rehaussé le métal de plus gracieux méandres; l'acheteur, (il n'était autre qu'Angelo Grimaldi,) après avoir quelque peu marchandé la canne, tira de son gilet un banknote anglais de vingt livres (500 francs) et le remit au commis chargé de la vente en lui disant :

— Veuillez me donner en or la monnaie de ce banknote.. Je paierai le change.

Angelo continua de regarder curieusement la gravure de la pomme de sa canne, tandis que le commis, selon l'habitude des marchands, examinait avec soin le papier monnaie qu'il avait reçu.

— L'on ne peut vraiment voir quelque chose de mieux gravé que la pomme de cette canne. — reprit Angelo, ne paraissant pas remarquer l'examen attentif que le commis faisait subir au banknote. — Je suis assez connaisseur en objets d'art, et j'affirme que vous avez parmi vos ouvriers l'un des plus habiles graveurs de Paris.

— En effet, monsieur, il est aussi habile qu'il est ivrogne et paresseux — répondit le commis en ouvrant le tiroir du comptoir afin d'y placer le banknote, et de prendre les pièces d'or nécessaires à son change — cet ouvrier aurait pu devenir un artiste distingué, mais l'inconduite le perd...

— Ah! — fit Angelo pensif, — cet ouvrier a une mauvaise conduite..?

— Malheureusement pour lui... monsieur.

— C'est dommage, — reprit le grec absorbé par une pensée qui lui venait subitement à l'esprit. — Cet homme aurait pu, grâce à son talent, se créer une position honorable.

— Sans doute, — reprit le commis en alignant sur le comptoir les pièces d'or qu'il rendait à Angelo; — mais dès qu'un homme est ivrogne et paresseux... c'est fini de lui... Voici vingt et deux pièces de vingt francs... Plus sept francs, le change payé.

— Monsieur, — dit Angelo après un moment de réflexion, et ne s'empressant pas d'embourser l'or que l'on venait de lui rendre en échange de son papier monnaie, — je suis tellement frappé du fini précieux de cette pomme de canne, que je désirerais, si cela était possible, employer votre ouvrier à graver des armoiries et des ornements sur plusieurs belles pièces d'argenterie, se chargerait-il de ce travail ?

— Je n'en sais ma foi rien, Monsieur, ce garçon là est si capricieux, surtout si paresseux, que l'on ne peut jamais compter sur lui. S'il voulait travailler assidûment, il recevrait de notre maison de nombreuses commandes, il n'aurait pas un moment inoccupé ; mais non, dès qu'il a gagné de quoi ivrogner pendant trois ou quatre jours, l'on ne peut rien tirer de lui.

— C'est singulier!... Est-il jeune ?

— Très-jeune, Monsieur, s'il a vingt et un ans, c'est tout au plus.

— A cet âge, déjà dépravé... c'est déplorable... Et où demeure cet ouvrier, Monsieur ?

— Dans un méchant garni de la rue de l'Oratoire-du-Louvre, n° 3.

— Et son nom ? — demanda le grec en inscrivant l'adresse sur son carnet, — son nom, je vous prie ?

— Michel...

— Je vous remercie, Monsieur...

— Oh! il n'y a pas de quoi... c'est le

cas de le dire, Monsieur, car si vous donnez de l'ouvrage à cet ivrogne-là, il sera deux mois à faire ce qu'un autre ferait en quinze jours. Mais il faut être juste, le travail sera merveilleux.

— Un mot encore, Monsieur, répondriez-vous de la probité de ce jeune homme ?

— Nous n'avons, sous ce rapport, rien à lui reprocher jusqu'ici ; cependant, son inconduite nous inspire si peu de confiance... que nous ne lui donnons jamais à graver qu'un objet précieux à la fois.

— Je vous remercie du renseignement, Monsieur, en ce cas, j'exigerai de ce graveur qu'il vienne travailler chez moi, au lieu de lui confier mes pièces d'argenterie.

— Ce sera beaucoup plus prudent, Monsieur, mais je ne sais s'il voudra quitter son bouge pour aller en journée chez vous, c'est une espèce d'ours fort mal léché... très-taciturne et très-sauvage.

— Il a peut-être quelque mauvaise action sur la conscience ?

— Dieu me garde d'accuser un innocent! mais il a une physionomie si sombre, qu'on le croirait bourrelé par un remords.

—Ce que vous m'apprenez, Monsieur, me donne fort à réfléchir, je ne me déciderai pas légèrement à introduire cet homme là chez moi... pourtant il serait regrettable, au point de vue de l'art, de ne pas utiliser un pareil talent.

Angelo ramassa les pièces d'or, les mit dans la poche de son gilet, salua le commis, et remonta dans une élégante voiture de louage qui l'attendait à la porte du magasin. Il se fit conduire chez un joaillier de la rue de Richelieu, où il acheta un bracelet d'or fort simple, moyennant un autre banknote de vingt-cinq louis, dont il se fit rendre la monnaie en or, puis il donna ordre au cocher de le mener rue de l'Oratoire ou demeurait l'habile graveur.

II

Michel Laurencin occupait une petite chambre dans un misérable hôtel garni, depuis environ une année qu'avait eu lieu la révélation faite par Mauléon, déguisé en commissionnaire.

Michel n'en pouvait douter : Catherine, longtemps courtisanne sous le nom de madame de Morlac... Catherine était sa mère!!

Si l'on songe à l'éducation austère de ce jeune homme, à son horreur du vice, à son aversion pour ces femmes qui trafiquent de leur beauté, l'on comprendra sa honte, son désespoir, lors de cette fatale révélation ; dans la candeur de son âme, il se crut marqué au front d'un stigmate d'ignominie indélébile; il lui parut affreux, d'avoir non-seulement à rougir sans cesse à ses propres yeux de l'opprobre maternel, mais d'en rougir devant ses compagnons de travail, devant son patron et sa famille, enfin devant Camille sa fiancée !

Michel atteignait à peine sa vingt-et-unième année. Plus expérimenté de la vie, et surtout instruit de l'héroïque réhabilitation de Catherine, il n'eût pas ainsi désespéré de l'avenir ; mais dans une généreuse exagération naturelle aux sentiments de la première jeunesse, il se croyait solidaire de l'infamie de sa mère ; ignorant que la courageuse femme, riche, jeune, belle encore, se vouant à une vie pauvre et rude, avait fait un noble emploi de ses biens, afin d'expier le passé, s'était enfin régénérée par l'amour maternel ; aux yeux de Michel, ce brillant côté de la conduite de sa mère restait dans l'ombre; il ne voyait en elle qu'une courtisanne, ruinée sans doute par l'inconduite, recueillie, grâce à la pitié du père Laurencin, et ressentant un attachement tardif pour un enfant indignement délaissé pendant de longues années, après qu'elle avait eu abandonné son mari, mort de chagrin à la fleur de son âge.

Enfin, découverte horrible pour un fils, ces quelques lignes d'une lettre de Catherine, jadis écrite à Mauléon, révélaient à chaque mot le cynisme et la corruption...

En présence de ces faits accablants, Michel perdit complètement la tête, ne songea qu'à fuir la maison de son patron, marcha devant lui sans savoir où il allait, lorsqu'il reprit ses esprits, il se trouva dans les environs de Montmartre. La nuit vint; à la première effervescence de douleur, succéda chez lui un profond accablement, puis plus calme, il se prit à réfléchir et à envisager sa destinée...

Continuer ses relations de travail avec Fortuné, malgré les avantages inespérés qu'il lui offrait, Michel n'y pouvait plus songer; si affectueux que se fût toujours montré son patron, si compâtissant qu'il dût se montrer ensuite de cette révélation, les témoignages mêmes de cette pitié, seraient autant de blessures poignantes pour le fils de la courtisanne.

Pouvait-il épouser Camille et aller continuer son métier chez un autre orfèvre?..

Epouser Camille! candide et honnête enfant! désormais instruite de l'opprobre de la mère de celui qu'elle aimait! quelle odieuse pensée pour lui de se dire incessamment.

« — Malgré son amour, malgré la
« bonté de son cœur, ma femme, pure et
« sans tache, rougit, au fond de l'âme,
« d'avoir épousé le fils d'une de ces
« créatures, la honte, le rebut de leur
« sexe! »

Hélas! l'exagération même de ces sentiments, prouvait l'élévation du caractère de Michel, de même que souvent aussi, dans l'excellence de son cœur, il prenait sa mère en commisération profonde, il contemplait la ruine de ses plus chères espérances sans maudir cette malheureuse créature; parfois même, songeant à tout ce qu'elle avait sans doute souffert, depuis qu'elle s'était rapprochée de lui, aux anxiétés, aux remords, dont sa vie devait être bourrelée, il la plaignait, se disant :

« — Après un long et criminel abandon, « elle m'a aimé... c'est ma mère ! je ne « l'abandonnerai pas, nous irons ensevelir, ailleurs qu'à Paris, notre honte « commune, mais, hélas ! je ne pourrai « m'empêcher de me dire : cette femme, « est ma mère, je dois, je veux la respecter, « pourtant elle a causé la mort prématurée « de mon père ! elle a vécu de longues « années dans l'ignominie, elle a écrit, « à l'un de ses amants, ces lignes que « j'ai lues, et qui ont soulevé mon cœur « de dégoût, d'indignation... Ah ! je le « sens, malgré moi je ne pourrais lui cacher le chagrin que me cause sa vie passée, elle se croirait méprisée de moi, « ce serait pour elle une torture de « tous les instants. »

Enfin, après des heures d'hésitation, de perplexités, telle fut la résolution de Michel :

Renoncer à son mariage avec Camille, ne plus revoir sa mère, ni son aïeul, ni Fortuné, gagner obscurément sa vie dans quelque branche de son métier, faire part de ses intentions à son aïeul, et lui donner de temps à autre de ses nouvelles, afin de le rassurer sur son sort, et vivre dans la solitude jusqu'au jour où la persistance de sa douleur le délivrerait de sa triste vie...

Michel accomplit cette résolution dictée par l'irréflexion et par les généreuses susceptibilités de son jeune âge ; il déjoua toutes les recherches tentées pour retrouver ses traces. L'un de ses anciens compagnons d'atelier lui promit le secret et le mit en relations avec le fabricant de cannes qui, depuis longtemps, l'occupait.

Accablé, découragé, insoucieux de l'avenir, son art, qu'il avait tant aimé, ne fut plus, comme autrefois, le but constant de la vie de Michel, il se bornait à quelques travaux, presque manuels, qui lui procuraient le strict nécessaire, ne sortant presque jamais de sa chambre, sinon, parfois, à la nuit noire, pour errer dans les rues, il passait chez lui la plus grande partie de son temps.

Il faut l'avouer, avec regret, Michel ainsi que l'on dit : *buvait*, cependant, il existait un abîme entre la crapuleuse ivrognerie, dont on l'accusait, et le fait, blâmable d'ailleurs, qui autorisait ce reproche.

Le jeune orfèvre avait vécu jusqu'alors si sobrement, qu'il lui suffisait de deux ou trois verres de vin, non pour s'enivrer jusqu'à l'abrutissement, et perdre toute conscience de soi-même, mais pour atteindre ce degré de surexcitation qui, sans obscurcir la pensée, *change* seulement *sa couleur*, si l'on peut s'exprimer de la sorte; les uns selon le terme consacré — *ont le vin* triste, gai, violent ou stupide, Michel *avait le vin* sinon joyeux, du moins fécond en rêveries heureuses, l'accablement, la morne tristesse qui pesait sur son âme et sur son esprit, lorsqu'il se trouvait dans son état normal, se dissipaient peu à peu, comme par enchantement, lorsqu'il éprouvait une sorte de légère ivresse... l'avenir, jusqu'alors sombre, désolé, s'éclaircissait devenait lumineux et rose d'espérance!

Alors Michel se demandait pourquoi, dans une fâcheuse exagération de solidarité filiale, il se regardait presque comme complice des désordres de sa mère? n'avait-elle pas, depuis plusieurs années, vécu près de lui d'une manière irréprochable ? mérité le pardon du père Laurencin ? Ne devait-elle pas inspirer la commisération, et non l'éloignement, le mépris ? Camille naïve et charmante enfant, adorait Michel, pourrait-elle lui faire un crime du passé de sa mère, et en rougir elle-même ?

— Non, non ! — se disait Michel dans ces moments, où, chose étrange, il entendait la voix de la saine raison. — Non, non ! ma susceptibilité, ma honte, mes craintes, ma résolution de vivre comme je vis dans l'isolement, dans l'inertie et le chagrin, loin de tout ce que j'aime, sont autant d'insignes folies ! de noires ingratitudes ! Quoi ! j'ai le bonheur, là, sous ma main, il dépend de moi de rentrer demain chez maître Fortuné, de voir tous les bras ouverts à ma venue, et j'hésite, malheureux fou que je suis... Ah ! si je ne sentais en ce moment mon esprit un peu troublé, j'irais à l'instant me jeter au cou de ma mère... de mon aïeul... Combien ils seraient heureux de mon retour !... Et Camille, quelle joie serait la sienne!... Triple fou que je suis ! oh! c'est décidé, dès demain, je retourne à eux, et alors quel riant avenir que le nôtre...

Michel s'exaltant de plus en plus à ces pensées, entrait alors dans le monde sans borne des visions heureuses, dont le reflet dorait encore ses songes, lorsque peu à peu il cédait au sommeil... Mais de ce sommeil, le réveil était amer, ses résolutions de la veille, dont il conservait un vague souvenir, lui semblaient de nouveau mauvaises, dégradantes, impraticables, et il flottait ainsi sans cesse entre l'espérance de la veille et la désespérance du lendemain !

Tels étaient le secret et la cause, de ce que le commis du magasin appelait : — l'ivrognerie et la paresse de Michel ; — inconduite apparente qui, jointe à l'extrême habileté du jeune graveur, motivait la prochaine visite d'Angelo Grimaldi.

La mansarde que Michel occupait dans son garni, était misérablement meublée d'un grabat, de deux chaises, d'une vieille commode, et d'une table boiteuse.

L'on voyait dans un coin de la chambre un assez grand nombre de bouteilles vides, Michel, vêtu d'une blouse de travail presqu'en lambeaux, la barbe, la chevelure incultes, était profondément triste, car depuis peu de temps éveillé, il venait de quitter le monde des riantes visions pour la réalité qui jamais ne lui avait paru plus désolante... Il entendit frapper au dehors, fit un geste de surprise et d'impatience, se leva, et alla ouvrir sa porte à Angelo Grimaldi.

III

Michel à la vue d'un étranger d'un extérieur distingué, vêtu avec une extrême élégance recula d'un pas, fort étonné de recevoir une pareille visite.

Angelo jeta un regard rapide, investigateur sur l'intérieur de la mansarde et sur Michel, remarqua son apparence misérable, son air sombre, abattu, les bouteilles vides rangées dans un coin de la chambre, et se dit :

— Paresse, ivrognerie et pauvreté ! il y a cent à parier contre un, que ce coquin est à moi ! je connais les hommes et leurs vices.

S'adressant alors au jeune artisan, d'un air cordial et familier :

— Mon brave, vous vous appelez Michel ?

— Oui.

— C'est vous qui avez gravé la pomme de cette canne ?

Et il la lui montra.

— Oui.

— En ce cas, mon cher, vous êtes l'un des plus habiles graveurs de Paris.

Michel, après ses deux dernières réponses, commença de regarder Angelo, avec une curiosité fixe, dont il fut surpris et inquiet, le jeune orfèvre ne l'avait vu qu'une seule fois, en Allemagne, lors de cette visite aux jardins de la villa Farnèse, où Fortuné, trompé par les dehors d'Angelo, l'avait courtoisement introduit. Mais telle était la beauté de ce misérable, qu'il devenait difficile de l'oublier, aussi Michel se rappela tout d'abord ses traits. Cette remémorance ne causait pas seule la persistance du regard qu'il attachait sur le grec ; des bruits sinistres, avaient couru à son sujet après l'arrestation de ses complices, Corbin et Mauléon, lors des vols projetés par eux en Allemagne; on le cherchait en vain dans les environs de Meningen, tandis que par un coup d'audace heureusement réussi, il voyageait à la suite du duc de Manzanarès, mais à cette époque, il demeura constant pour la police allemande, ainsi que pour Fortuné Sauval et les compagnons de ses travaux, que l'élégant et beau jeune homme, amateur des arts qui avait demandé à l'orfèvre de se joindre à sa compagnie pour visiter la villa Farnèse, n'était autre qu'un malfaiteur, complice fugitif de Mauléon et de Corbin : Michel conclut, de ces souvenirs divers, qu'il avait devant les yeux un homme fort dangereux ; aussi, après l'avoir d'abord attentivement examiné afin de se bien convaincre de son identité, il crut prudent de dissimuler l'inquiète curiosité que lui causait l'incompréhensible visite de cet homme, et il baissa les yeux d'un air assez embarrassé.

Angelo n'avait non plus rencontré qu'une fois à Meningen le jeune orfèvre, en ce temps-là adolescent ; les années, les chagrins, l'incurie de soi-même, l'épaisse barbe blonde qui cachait à demi son visage, rendaient Michel complètement méconnaissable, le repris de justice ne se rappelait nullement sa figure, n'ayant eu, d'ailleurs, aucun motif pour arrêter autrefois son attention sur lui ; cependant trop rusé, trop défiant pour n'avoir pas été frappé de la fixité pénétrante du premier regard du jeune graveur, et voulant s'édifier sur ce point avant de continuer l'entretien, il reprit en souriant :

— Mon brave garçon, l'on croirait que vous m'avez déjà rencontré quelque part ?

— Moi, Monsieur ?... Jamais.

— Allons... On ne regarde pas ainsi quelqu'un que l'on voit pour la première fois ?

— Cet homme se défie de moi, il me devient doublement suspect, — pensa Michel. — Rassurons-le, afin de savoir où il en veut venir.

Et il ajouta tout haut :

— Monsieur, en ma qualité de graveur, je dessine non-seulement l'ornement, mais aussi la figure...

— Hé bien ?

— Hé bien, Monsieur, je vous dis cela en artiste..., sans vouloir vous complimenter..., votre figure m'a frappé comme type. Je vous ai examiné trop attentivement peut-être... voilà tout.

Cette réponse parut sincère à Angelo; plus d'une fois, il s'était aperçu que des passants s'arrêtaient un instant pour le contempler, surpris de la perfection de ses traits, se croyant donc inconnu de Michel, il reprit :

— Vous me flattez, mon cher ami, j'ignorais que ma figure méritât de fixer l'attention d'un artiste; mais, parlons d'autre chose. Je viens vous proposer du travail.

— Merci... J'ai suffisamment de travail.

— Voyons... Avouez qu'au travail vous préférez la paresse et la bouteille?... En cela vous avez, mort Dieu! furieusement raison !

— Vraiment ?

— L'on a toujours raison de faire ce qui plaît. Au diable la morale !

— C'est commode.

— Et surtout agréable! Travailler peu ou point, jouir beaucoup, voilà ma philosophie ; c'est la bonne.

— Où cet homme veut-il en venir, avec sa philosophie de malfaiteur? — se demandait Michel, de plus en plus surpris ; — ayons l'air de penser comme lui, il s'ouvrira sans doute tout à fait.

Et Michel dit à Angelo :

— Vivre au mieux sans travailler, rien de plus agréable sans doute, mais comment faire...?

— Dites-moi, vous êtes passé maître dans la gravure des ornements, les arabesques de cette pomme de canne prouvent votre talent. Savez-vous graver les lettres ?

— Oui, Monsieur.

— A merveille. Voici d'abord un bracelet sur lequel je désire faire inscrire deux noms et une date ; les noms sont : *Angelo* et *Aurélie*, la date 20 *juin* 184*. *Meningen*. Je vais écrire le tout, afin que vous ne l'oubliez pas.

Ce disant, le grec déchirant l'un des feuillets de son carnet y écrivit les noms et la date précités.

L'inquiétude et la curiosité de Michel augmentèrent; il savait le profond attachement de Fortuné Sauval et de sa femme pour Aurélie de Villetaneuse malgré ses fautes, et combien ils regrettaient d'avoir perdu ses traces, espérant toujours la ramener au bien. Or, d'après les noms et la date qu'Angelo voulait faire graver sur le bracelet, date et désignation de lieux qui concordaient parfaitement avec le séjour de la comtesse en Allemagne; Michel ne pouvait plus guère douter des tendres relations qui existaient entre ce malfaiteur et Aurélie. Effrayé de cette découverte, et conservant pour son ancien patron autant d'affection que de reconnaissance, Michel pensa qu'il pourrait peut-être le mettre à même de retrouver madame de Villetaneuse et de la soustraire à la pernicieuse influence qu'Angelo devait exercer sur elle, s'il parvenait, lui Michel, en écoutant jusqu'au bout les offres de ce misérable, à connaître sa demeure, que la comtesse partageait sans doute; aussi, dit-il au grec:

— Le travail que vous me proposez, se

bornera-t-il à la gravure de ce bracelet?

— Non, je désire seulement avoir un spécimen de votre habileté à buriner les lettres, et si comme je n'en doute pas, vous répondez à mon attente, je vous chargerai d'un travail très-important, il vous occuperait au plus trois ou quatre jours, mais il vous serait si largement payé, que ce salaire vous permettrait de rester cinq ou six mois sans rien faire; ainsi, mon brave, non-seulement vous gagneriez assez d'argent pour vous livrer à votre chère paresse, mais au lieu de vivre dans ce bouge, vous pourriez vous loger confortablement, remplacer votre vieille blouse par des habits fins, votre gros vin bleu, par le nectar de Mâcon ou de Champagne et le savourer en cabinet particulier avec une jolie fille à vos côtés, si vous préfériez boire en joyeuse compagnie.

— Allons, monsieur, vous vous moquez d'un pauvre ouvrier...

— Je vous parle au contraire très sérieusement, mon brave garçon.

— Vous voulez me faire croire qu'il me

suffirait de travailler quatre à cinq jours pour gagner...

— Six mille francs... est-ce assez?

— Six mille francs!

— Je vous les garantis.

— Six mille francs de salaire pour un travail de trois ou quatre jours ?

— Oui, et dès que vous serez à l'œuvre, je vous remettrai trois mille francs d'avance...

— Je ne comprends rien, monsieur, à tout cela... Vous venez, dites-vous, me proposer un travail de gravure?...

— Pas autre chose.

— Et ce travail me rapporterait six mille francs ?...

— Peut-être même davantage, si je suis satisfait de vous.

— De quel genre est ce travail ?

— C'est un travail fort délicat... il a, je dois vous l'avouer, ses risques.

— Ah !... il y a des risques à courir?

— Sans cela, vous ne seriez pas si chèrement payé.

— De quoi s'agit-il donc?

— Il s'agit d'une contrefaçon...

— Que faut-il contrefaire ?

— Une charmante vignette anglaise représentant *la Fortune*... et qui fait fureur à Londres, et... en d'autres pays.

— Ainsi la contrefaçon de cette gravure entraîne des risques ?

— Quelques mois de prison... au pis aller... mais j'ai pris mes précautions, je suis prudent... il y a cent à parier contre un que nous ne serions pas découverts.

— C'est que... la prison... diable !... la prison...

— Préjugé... mon brave !! est-ce que vous vous croiriez déshonoré par quelques mois de prison ? On trouve là de gais lurons, peu scrupuleux à l'endroit de la morale, le temps passe vite, en leur compagnie, vous sortez de la geôle, la liberté vous semble mille fois plus chère, et grâce au divin argent, vous oubliez bientôt votre captivité...

— Au fait... qui ne risque rien n'a rien..

— Ainsi, mon garçon... vous acceptez ?

— Dam... monsieur... six mille francs...

pour trois ou quatre jours de travail... Ah çà, cette vignette où est-elle ?

— Dans un endroit où vous pourrez vous mettre à l'œuvre en toute sécurité.

— Ce n'est donc pas ici que je m'occuperai de cette gravure ?

— Non.

— Où donc travaillerai-je ?

— Chez moi. Vous ne serez nullement dérangé, je vous donnerai une chambre, dont vous ne sortirez qu'après avoir terminé notre contrefaçon, plutôt vous l'aurez achevée, plutôt vous serez libre... Mais il faut commencer ce travail le plus tôt possible... aujourd'hui même...

— C'est bien prompt.

— Que vous importe...

— Où demeurez-vous, monsieur ?

— Je demeure...

Mais s'interrompant et cédant à ses habitudes de défiance, Angelo reprit après un moment de réflexion :

— Trouvez-vous à la tombée de la nuit à la barrière de Monceaux... vous savez où elle est située ?

— Oui.

— Je viendrai ou j'enverrai quelqu'un vous chercher, cette personne vous demandera : *si vous êtes le graveur...* vous pourrez la suivre en toute confiance.

— Très bien, monsieur... je serai au rendez-vous, à la tombée de la nuit.

— Vous êtes un brave garçon, vous serez content de moi... n'oubliez pas de me rapporter le bracelet, après y avoir gravé les mots convenus...

— Ce sera fait...

— N'y manquez pas, je veux, ce soir même, offrir ce bracelet...

— ... A votre maîtresse ?

— Vous êtes un gaillard pénétrant.

— Pénétration facile, monsieur, un nom de femme et un nom d'homme...

— ... Plus, une date que vous croyez sans doute précieuse à mon souvenir, cela suffisait de reste, à vous mettre sur la voie de mon amoureux secret; donc, vous avez deviné : le bracelet est destiné à ma maîtresse, aussi je compte sur votre promptitude.

— Ce soir, monsieur, je vous porterai le bracelet.

— Ainsi... à la nuit tombante, à la barrière de Monceaux?

— Oui monsieur, à la nuit tombante, à la barrière de Monceaux.

Le repris de justice sortit.

— Plus de doute, — se dit Michel lorsqu'il fut seul, — ce misérable est sans doute l'amant de madame de Villetaneuse... Ne fait-il pas graver sur ce bracelet ces deux noms : *Angelo*, *Aurélie*, ainsi que le nom de la ville de *Meningen*, et une date qui se rapporte à ce voyage d'Allemagne où maître Fortuné a retrouvé sa cousine, maîtresse du prince... Elle connaissait donc Angelo à cette époque? Non, c'est impossible, puisqu'elle est partie avec un duc, selon ce que nous a raconté plus tard mon patron... il n'importe... Mon Dieu! dans quel abîme de dégradation cette malheureuse jeune femme est tombée!!.. Elle... elle, courtisanne.. hélas! ma mère aussi a été courtisanne... Ce souvenir fait ma honte et mon malheur!... Ah! ne songeons pas à cela maintenant!! Que faire? Cet homme m'offre de me payer six mille francs la contrefaçon d'une vignette anglaise ?... c'est un piège, un mensonge! il est permis sans risquer la prison de reproduire les gravures anglaises, il serait fou de rétribuer si énormément une pareille reproduction. Il s'agit évidemment d'une œuvre suspecte Quelle est-elle? Cet homme me croit ivrogne, paresseux avili... il a voulu me séduire par l'appât de l'argent, j'ai feint d'accepter son offre, il ne se défie plus de moi : ce soir je connaîtrai sa demeure. Bien souvent mon grand-père m'a dit: « Maître Fortuné et sa femme auraient le « plus vif désir de retrouver les traces de « madame de Villetaneuse, afin de tâcher « de la ramener au bien... et d'offrir un « asile à M. et madame Jouffroy (1). Peut-être le hasard de ma rencontre avec cet homme, me donnera-t-il le moyen de rendre à mon ancien patron un grand service en l'instruisant du lieu où se trouve maintenant madame de Villetaneuse ; ne soup-

(1) Michel, lors de la révélation de Mauléon, avait quitté subitement la maison de Fortuné Sauval, ignorant que celui-ci et le cousin Roussel avaient recueilli M. et madame Jouffroy.

çonnant pas sans doute les antécédents criminels d'Angelo, elle habite probablement avec lui ; je peux m'assurer du fait en me rendant ce soir dans la demeure de ce misérable, au sujet de l'œuvre suspecte qu'il me propose, si j'acquiers la certitude que je pressens, j'écris à maître Fortuné afin de lui apprendre entre quelles mains sa cousine est tombée, et auxquelles il est peut-être temps encore de l'arracher, j'acquitterais ainsi en partie ma dette de reconnaissance envers mon bienfaiteur... quel avenir il m'avait réservé!... Quel bonheur eût été le mien!.. sans cette horrible révélation... Ah! loin de moi ces pensées... elles me troublent... Réfléchissons froidement? Que risquerai-je à aller au rendez-vous que m'a donné cet homme? Si je ne peux rien découvrir touchant madame de Villetaneuse et sa famille, j'aurai du moins tenté de rendre service à maître Fortuné. Quant à l'œuvre suspecte qui m'est proposée, personne ne saurait m'imposer un travail que je me refuserais d'exécuter... C'est décidé, j'irai au rendez-vous ce soir et en attendant l'heure, afin d'éloigner tout soupçon, gravons sur ce bracelet ces mots et cette date : *Aurélie, — Angelo, — Meningen, — juin 184*.

IV

A l'extrémité du quartier des *Batignolles* et complètement isolée des dernières habitations, de ce faubourg par des terrains en friches, on voyait une maison de triste apparence, bâtie légèrement, ainsi que la plupart des habitations de ce quartier moderne; elle était grandement délabrée, l'herbe, les ronces envahissaient les allées du jardin, entouré de hautes murailles, et couvraient à demi les dalles disjointes d'un petit perron conduisant à la porte du logis, où l'on arrivait après avoir traversé une assez longue allée aboutissant à une grille de clôture.

Quelques heures après l'entretien de

Michel et d'Angelo, celui-ci, accompagné d'Aurélie de Villetaneuse, vêtue avec une extrême élégance, pénétra dans la maison isolée, ouvrit la grille au moyen d'une clef qu'il portait sur lui, et, suivi de la jeune femme, monta les degrés du perron, puis ceux d'un escalier conduisant au premier étage, et entra dans une vaste pièce à peine meublée.

L'isolement, le morne silence de cette demeure, son aspect presque sinistre, le délabrement de la chambre où elle venait d'être introduite par Angelo, impressionnèrent vivement la comtesse.

— Mon ami, — dit-elle au repris de justice, — quelle vilaine et triste maison. Chez qui sommes-nous donc, ici ?

— Nous sommes en Californie, mon adorée !

— Cette maison... une Californie ? Tu parles en énigmes.

— Dis-moi... m'aimes-tu ?...

— Angelo !...

— J'ai, en effet, mal posé la question... Te sens-tu capable de m'aimer, *quand même ?*...

— Quand même?...

— Oui, quoi que je fasse? qui que je sois...? Je te parle ainsi, Aurélie, parce que le jour est venu pour moi de te faire une révélation grave... Cette révélation, je dois nécessairement te la faire ici... dans cette demeure isolée... Tu sauras tout à l'heure pourquoi.

— Tu me demandes, Angelo, si je suis capable de t'aimer... quand même?... quoi que tu fasses...?

— Oui.

— Cette question me semble inutile depuis notre voyage de Bordeaux...

— Ceci, chérie, est sans doute une allusion à la preuve de confiance que je t'ai donnée lors de ce voyage? en t'apprenant que Mauléon et moi, nous étions des *grecs*... et que tu serais la sirène qui attirerait nos dupes?...

— J'ai accepté ce rôle, Angelo... Je t'aime donc, *quand même* et quoi que tu fasses...

— Deux mots encore sur ce voyage, afin de bien établir notre situation présente : nos affaires allaient le mieux du monde, le lansquenet était pour nous la poule aux œufs d'or; mais nous fûmes avisés que l'on soupçonnait notre industrie. L'on attendait évidemment le moment de nous prendre en flagrant délit. Aussi, prévenant cet instant critique, nous nous sommes prudemment éclipsés. Nous avons, Mauléon et moi, partagé nos bénéfices; il s'en est allé de son côté, nous du nôtre, et nous en sommes aujourd'hui à nos derniers mille francs.

— Faut-il quitter notre charmant appartement? renoncer à notre luxe? nous résigner à vivre pauvrement dans la maison où nous sommes? La résignation me sera facile auprès de toi, Angelo.

— Hélas!... Il faut nous résigner, mon adorée, à dépenser énormément d'argent! à le jeter littéralement par les fenêtres! Il faut te résigner aux toilettes les plus éblouissantes! au faste le plus extravagant! car, je te le répète, cette maison de triste apparence est une Californie!... Mais pour jouir des trésors qu'elle renferme..., tu dois m'aimer quand même... Tu dois connaître mes projets, tu dois apprendre qui je suis...

— Que veux-tu dire ?

— Lorsque je t'ai rencontré en Allemagne pour la première fois, j'ai passé à tes yeux et à ceux du duc pour un proscrit italien.

— Sans doute.

— Je ne suis pas Italien...; je n'ai jamais été proscrit.

— Soit... Que m'importe, à présent !

— Attends... Lorsque nous nous sommes revus chez Clara, et lors de notre voyage à Bordeaux, je t'ai laissée dans la même erreur au sujet de ma naissance et de ma vie passée, je t'ai seulement avoué que j'étais devenu *grec*... Cette révélation a été pour moi la pierre de touche de ton amour, Aurélie... Dès ce jour tu as commencé de m'aimer... quand même! Cela m'a d'abord autant charmé que surpris.

— D'où pouvait naître ta surprise, Angelo ?

— Tu me croyais seulement proscrit, malheureux...! et tu apprenais que...

— Que tu volais au jeu... n'est-ce pas ?

— C'est le mot...

— Entre nous, ma susceptibilité aurait été étrange.

— Pourquoi étrange ?

— Une femme qui s'est vendue deux fois... n'a pas le droit de mépriser un homme qui vole au jeu... tu m'aimes malgré ma honte, Angelo... je t'aime malgré ton opprobre ; c'est la fatalité de notre destinée...

— Ces fermes paroles sont d'un bon augure. Je peux maintenant te raconter ma vie... il y a quelques années, tu n'étais pas assez *mûre* pour un pareil récit.

— J'ai fait depuis un an de terribles progrès...

— Oui, tu es devenue la femme qu'il me faut... Si tu subis bravement une dernière épreuve, aucune puissance humaine ne pourra nous séparer.

— Songes-y bien Angelo : je n'ai plus que toi au monde... Songes-y bien !!

— J'y songe ; et là est mon espoir. Apprends donc enfin qui je suis ; je m'appelle *Jérôme Chaussard*, ignoble nom ! combien il a influencé ma destinée!! je suis né à Paris; mon père était intendant du marquis de Chaumont, homme puissamment riche. Il me fit partager l'éducation de son fils, me destinant à être plus tard son secrétaire; pénétré de l'humilité de ma condition, laborieux, appliqué, je fis des progrès rapides dans les études sérieuses, elles ne m'empêchaient pas de me livrer aux arts d'agrément, j'avais du goût pour le dessin, une jolie voix; à quinze ans, je passais pour un petit prodige : un jour, le marquis eut la fantaisie de faire l'exhibition publique du fils de son intendant; l'on jouait souvent l'été la comédie au château de Chaumont; l'un des commensaux de la maison, homme d'esprit, excellent musicien, composa pour la circonstance une espèce de petit opéra comique; j'y remplissais le rôle d'un chérubin villageois, jeune berger tourmenté de ses quinze ans; j'obtins un succès fou, les belles dames après la représentation me traitèrent en enfant sans conséquence; me caressèrent comme un épagneul, me bourrèrent de dragées comme un perroquet. Telle fut mon entrée dans le monde.

Elle m'enivra d'abord de vanité, puis vinrent les réflexions amères sur le néant même de cette vanité; malgré mes succès, mes talents naissants, ma jolie figure, je restais comme devant : *Jérôme Chaussard*, fils d'un intendant de bonne maison, mes prétentions devaient se borner à devenir secrétaire d'un grand seigneur; cependant, je prenais des habitudes d'élégance et de luxe qui charmaient et navraient mon orgueil; je montais (en subalterne, il est vrai), dans la voiture du fils du marquis; je partageais ses plaisirs : le spectacle, la chasse, l'équitation, mais je ne serais jamais que Jérôme Chaussard ! Cette perspective et l'ignoble nom que je portais révoltaient ma vanité; j'atteignis ainsi l'âge de dix-huit ans; de plus en plus rongé de fiel et d'envie, j'avais fait, sans le savoir, la conquête de la première femme de chambre de la marquise, une très jolie fille, rouée comme un vieux juge, confidente des amours de sa maîtresse, et mettant au poids de l'or son secret et ses services; Julie (c'était son nom), amassa ainsi une trentaine de mille francs, le marquis fut

nommé ambassadeur à Saint-Pétersbourg, je devais l'accompagner, afin d'aider dans ses travaux, son secrétaire particulier. Cette position, enviée par tant d'autres, me semblait misérable, servile et digne d'un Jérôme Chaussard, fils d'un espèce de domestique; un jour Julie me dit à brûle-pourpoint: « Jérôme, je vous aime,
« j'ai trente mille francs à dépenser, nos
« maîtres doivent partir bientôt pour la
« Russie... laissons-les partir, nous quit-
« terons ensemble la maison, et nous mè-
« nerons joyeuse vie à Paris. » Ce projet m'enchanta, j'étais très timide, les avances de Julie me mirent à l'aise, ainsi dit, ainsi fait. Mon père avait depuis quelque temps, devancé le marquis en Russie, afin d'y préparer la maison du futur ambassadeur, la marquise et son fils devaient l'accompagner; la veille du départ, je disparus de l'hôtel, écrivant au marquis que je ne voulais pas aller en Russie, et que je m'engagerais soldat; Julie chercha une mauvaise querelle à la marquise, en arracha encore quelque somme, en la menaçant de divulguer le secret de ses amours,

lui souhaita bon voyage, et vint me rejoindre dans un hôtel garni, où elle m'avait donné rendez-vous ; nous commençâmes à manger les trente mille francs que possédait Julie, elle se faisait appeler *Madame de Saint-Simon;* l'on m'avait dit souvent que j'avais une figure italienne, je me souvins de mon histoire de Gênes, et je pris sans façon, le nom et le titre d'*Angelo, marquis de Grimaldi,* abandonnant pour jamais l'ignoble nom de Jérôme Chaussard ; je devins la coqueluche des tables d'hôte que nous hantions avec Julie ; au bout de six mois, nous vîmes la fin de son argent ; alors, en fille de ressource, elle chercha un protecteur, en trouva un, mais très jaloux, très vigilant ; forcé de rompre avec Julie, je me trouvais à peu près sans le sou sur le pavé de Paris ; et avide de plaisirs, de luxe, incapable de travailler, habitué à une vie oisive, dépensière, déjà je portais des bottes éculées, des habits râpés ; la misère s'approchait, le diable me tenta. J'avise un jour le provoquant étalage d'une boutique de changeur, j'achète une once de tabac chez un épicier, puis entrant chez l'homme aux écus, sous le prétexte de lui demander la monnaie d'un billet de cinq cents francs, que je feins de chercher dans mon gousset, j'en tire une poignée de tabac, j'aveugle le changeur; je fais main basse sur une sébille, contenant des rouleaux d'or, plusieurs billets de mille francs, j'ai la chance de fuir sans être arrêté. Le fruit de mon vol dissipé, je voulus tenter de nouveau le même coup, moins heureux cette fois, je fus pris ; je n'avais pas vingt ans, grâce à ma jeunesse, à la protection du marquis auquel j'écrivis, et qui plus tard ne voulut jamais, non plus que mon père, entendre parler de moi; je ne fus condamné qu'à cinq ans de réclusion, je les passai dans la prison centrale de Melun; là, j'achevai mon éducation, j'appris entre autres industries, à filer admirablement la carte : à Melun je connus Mauléon; plus tard le rencontrant après ma libération, nous avions entrepris de voler les pierreries de Fortuné Sauval, ce projet nous conduisit à Meningen, où je t'ai rencontrée, Aurélie. Depuis cette époque, tu sais ma vie, te voici édifiée sur le passé, tu sais maintenant qui je suis ; m'aimes-tu toujours..., quand même ?

— Ecoute-moi à ton tour, Angelo : l'on m'eût dit autrefois : « vous éprouverez
« dans votre vie un amour profond, irré-
« sistible... fatal... il prendra possession de
« vous-même, âme et corps, vous ne vous
« appartiendrez plus désormais... et d'un
« regard, l'homme que vous aimerez ainsi
« vous imposera sa volonté absolue...
« mais, viendra le jour où vous apprendrez
« que l'homme dont vous subissez l'em-
« pire, n'est pas un proscrit intéressant
« par ses malheurs... mais un repris de
« justice... quelle impression vous causera
« cette découverte ?... »

— Hé ! bien ! qu'aurais-tu répondu ?

— Autrefois, j'aurais répondu : cet homme me fera horreur, lorsque son criminel passé me sera révélé...

— Et aujourd'hui, Aurélie ?

— Aujourd'hui, Angelo ?... aujourd'hui, que j'ai descendu un à un, pas à pas, tous les degrés du vice... aujourd'hui, que je porte là, au front, l'ignoble cicatrice d'un coup de bâton, dont m'a frappée une épouse outragée, en m'accusant de débaucher son mari, vieillard qui me payait!... aujourd'hui, que mes désordres ont égaré la raison de mon père, ont conduit ma mère au tombeau... aujourd'hui, Angelo, loin d'avoir horreur de toi, je te sais gré d'être encore plus dégradé que moi!... Une honnête femme, dans la générosité de son cœur, parfois est heureuse, est fière de pouvoir sacrifier une haute position à celui qu'elle aime... moi, je te sacrifie mes derniers scrupules... moi, je t'aime, malgré ton crime!

— Ah! c'est là de l'amour, Aurélie! — s'écria le repris de justice, en répondant avec un accent passionné aux horribles paroles de sa complice, — Oui, va! parmi nous seuls se trouve l'amour vaillant! Quel courage, il y a-t-il donc à s'aimer en pleine sécurité de conscience et de considération? beaux sacrifices que ceux auxquels tout le monde applaudit! Non, non! la femme dont l'amour s'accroît, s'irrite, s'exalte, en raison même des flétrissures de son amant et des dangers qui le menacent, celle-là seule sait aimer... celle-là seule aime d'un amour ardent et résolu !

— Je suis, maintenant, de ces femmes-là, Angelo...— reprit la comtesse, d'un air sombre et déterminé, — oui, je suis de ces femmes-là, je te l'ai prouvé..., je saurai te le prouver encore...

— Tu ne me trouveras pas ingrat, crois-moi : Il est non moins ardent et résolu, l'amour de ces hommes assez confiants dans leur amour, dans celui de leur *femme*, pour lui dire : j'ai volé, j'ai tué, tu as mon secret, tu peux, d'un mot, m'envoyer au bagne, à l'échafaud ! je suis à ta merci, me trahiras-tu ? m'abandonneras-tu ?

— Te trahir, t'abandonner !.. infâme lâcheté !.. — s'écria la comtesse de Villetaneuse, palpitante, sous le farouche et brûlant regard du repris de justice.

— Ah ! quoique tu fasses, quoiqu'il t'arrive, Angelo, ton sort sera le mien ! compte sur moi, jusqu'à la fin ! compte sur moi, jusqu'à la mort !

— Oh ! tu n'es plus seulement ma maîtresse, tu es à tout jamais ma complice !

— s'écria ce misérable, en serrant Aurélie entre ses bras, et la couvant de ce regard enflammé, presque magnétique, qui fascinait cette malheureuse.

— Oui, à toi jusqu'à la fin ! — s'écria-t-elle pantelante, — à toi, mon Angelo... à toi, jusqu'à la mort... entends-tu... jusqu'à la mort!...

. . . .

V

— Et maintenant que tu m'aimes *quand même*, — reprit Angelo, — apprends mes projets : nous allons rouler sur l'or.

— Comment cela ?

— Tu croyais nos ressources à bout, et tu vas vivre en grande dame comme autrefois, écraser les plus élégantes par ta magnificence et ta beauté !

— Que dis-tu ? — s'écria la comtesse dont les yeux étincelèrent à ces pensées de faste et de prodigalité, — est-ce un rêve ?

— Non, pardieu ! jamais réalité n'a été plus splendide ! cette maison, je te le répète, est une Californie... une mine d'or !

— Explique-toi !

— J'ai, depuis deux mois, loué cette demeure isolée; Mauléon, moi et un habile homme nommé Robert qui possède de précieuses connaissances en chimie, nous sommes parvenus à parfaitement imiter le papier des banknotes d'Angleterre... papier-monnaie moins connu que les billets de banque français, et ainsi beaucoup plus facile à placer; nous avions découvert un excellent graveur, il est mort il y a quelques jours... d'apoplexie foudroyante... après avoir gravé une planche de ces banknotes; nous en avions déjà tiré pour plus de cent mille francs, lorsque, par malheur, la planche s'est brisée... j'espère remédier à cet accident, en engageant dans notre opération un autre graveur; il nous confectionnera de nouvelles planches; avant peu de jours, nous posséderons deux millions de banknotes! Deux millions, ma belle comtesse!!! Les premières sont si merveilleusement exécutées que j'en ai écoulé aujourd'hui pour quelques centaines de louis, en allant faire divers achats dans plusieurs boutiques, sans éveiller le moindre soupçon; cependant il y aurait de graves dangers, à ce que la même personne mît toujours ce papier en circulation ; il faut, en outre, afin de n'inspirer aucune défiance, qu'il soit écoulé par des gens de très bonnes façons, ayant l'usage du monde, les dehors de la richesse, Mauléon, moi et une autre personne, que je ne connais pas, mais dont il répond comme de lui-même, et qu'il doit amener souper ce soir... (car nous soupons ici, je t'ai ménagé cette surprise)..., nous nous sommes chargés du placement des banknotes, mais il faut se hâter, nous ne sommes que trois, tu te joindras à nous.

— Moi!!...

— Certainement, tu nous seras un excellent auxiliaire ; une femme mise avec la dernière élégance, ayant, comme toi, des manières de grande dame, et descendant d'une voiture armoriée (rien ne nous manquera), éloignera jusqu'à l'ombre du soupçon... et... mais qu'as-tu... Aurélie?.. tu pâlis...

— C'est vrai...

— Regarde-moi donc en face?

— Je t'en supplie ne te fâches pas!

— Tu as peur ?...

— Angelo...

— Tu crains de te compromettre ?

— Je m'attendais peu à cette... proposition, et je...

— Tu es bien lâche !.. Aurélie...

— Lâche... non, mais...

—Misérable ! Oublies-tu déjà tes paroles ! Ne m'as-tu pas dit : quoiqu'il t'arrive... ton sort sera le mien ? Oh prends garde ! tu seras ma complice ! sinon...

Au moment où Angelo prononça ces paroles d'un air menaçant, la nuit était presque complètement venue, la porte de la chambre s'ouvrit, et Robert, l'un des complices des faussaires, petit homme chauve, d'une physionomie basse et rusée entra, tenant à la main une bougie.

—Notre homme est là,—dit-il à Angelo.

— Je l'ai trouvé exact au rendez-vous, à la barrière de Monceaux, je l'amène...

— Mauléon, est-il ici ?

— Il vient d'arriver avec son ami, ils ont apporté dans un fiacre les ustensiles et les comestibles du souper, car il n'y a ni un verre, ni une assiette dans cette diable de maison. Enfin, à la guerre comme à la guerre, j'ai une faim de tigre, et...

Remarquant alors madame de Villetaneuse, Robert s'interrompit, la salua, et dit à Angelo, en lui adressant un signe d'intelligence :

— C'est madame ?

— Oui.

— Elle connaît notre opération ?

— Sans doute.

—Parfait!—reprit Robert, en se frottant les mains. — Oh ! parfait, mon cher, l'on songera plutôt à admirer la beauté de votre adorable maîtresse, qu'à examiner nos banknotes... Madame vaudra pour nous son pesant d'or.

— Aurélie, — dit brusquement Angelo en prenant sur la cheminée une bougie qu'il alluma, et donnant ce flambeau à la comtesse : —Vas m'attendre dans la pièce voisine, passe par cette porte, je te rejoins bientôt; vous, Robert, faites entrer notre homme, nous avons ici les outils de l'autre graveur, il faut que son successeur se mette dès ce soir à l'œuvre, et il ne sortira pas de la maison avant d'avoir, bon gré, malgré, gravé nos planches.

— Parbleu! s'il refusait, nous saurions bien le contraindre... il est ici comme dans un *in-pace*; — ajouta Robert en quittant la chambre.

Aurélie, devenue pâle comme un spectre depuis la proposition de complicité d'émission de fausse monnaie, restait immobile, le regard fixe, elle tremblait tellement, que le flambeau qu'elle tenait, vacillait dans sa main.

— Va! lâche femelle!... — dit Angelo avec un sourire insultant: Va, mollasse!.. je me suis mépris sur toi... tu voudrais jouir de nos trésors sans partager nos dangers..

— Angelo! Je t'en conjure, écoute...

— Quelle différence entre toi et la petite Bayeul! Elle n'aurait pas reculé... elle est si crâne! ah! si je la retrouve...

— Ne prononce jamais le nom de cette horrible femme! — s'écria la comtesse frémissante de jalousie et de haine; — tu me rendrais folle, et...

— Tais-toi, on vient! — reprit vivement

Angelo, entendant les pas de Michel, et, saisissant brutalement la comtesse par le bras, en lui indiquant du geste la porte d'une chambre voisine, il ajouta :

— Vîte, entre là... Il est inutile que cet homme te voie, je vais aller te rejoindre, et si tu es toujours aussi lâche qu'en ce moment, je te casserai ma canne sur les reins et je ne te reverrai de ma vie!...

La comtesse, éperdue à cette ignoble menace, sortit selon les ordres du repris de justice, mais non pas assez promptement pour échapper aux regards de Michel.

Celui-ci, que Robert venait d'introduire, tressaillit en reconnaissant madame de Villetaneuse au moment où elle disparaissait par l'une des portes latérales de la chambre.

VI

Michel, à l'aspect d'Aurélie, ne regretta pas d'avoir accepté un rendez-vous de plus en plus suspect à ses yeux, il se promit de faire part de sa triste découverte à Fortuné Sauval, en lui écrivant le soir même.

Angelo ouvrit les deux battants d'une sorte d'alcôve, pratiquée au fond de la chambre, fit signe à Michel de s'approcher, lui montra, étalés sur une table, tous les outils nécessaires à un graveur, et une lampe non allumée, pareille à celles dont se servent les bijoutiers; l'on voyait dans le fond de l'alcôve, un lit de sangle garni d'un matelas.

— Mon brave garçon, — dit le repris de justice à Michel : — voici des outils pour travailler, une lampe pour vous éclairer, un lit pour vous reposer.

— Monsieur, voilà d'abord le bracelet sur lequel, d'après votre désir, j'ai gravé les noms et la date dont vous m'avez laissé l'indication.

Angelo prit le bracelet, examina la façon dont étaient burinées les lettres, et dit :

— C'est à merveille, je n'attendais pas moins de votre habileté, vous êtes l'homme qu'il me faut. Donc, à l'œuvre, vous ne sortirez d'ici, je vous le déclare, qu'après l'achèvement de votre besogne, vivres et bon vin ne vous manqueront pas, voilà les trois mille francs d'avance que je vous ai promis, — ajouta Angelo, tirant de sa poche un portefeuille où il prit de fausses banknotes. — Je vous donne, il est vrai, des valeurs anglaises, mais j'ajoute généreusement cinq cents francs pour le change.

Et déposant la somme sur la table, il ouvrit un tiroir, en retira les fragments d'une petite planche d'acier, la plaça près de l'une des banknotes, et ajouta :

— Je vous ai prévenu, mon cher, que la vignette anglaise représentait... *la fortune?*

— Oui, monsieur.

— Vous voyez que je ne vous ai pas trompé?

— Le misérable! — pensa Michel, avec stupeur et épouvante, — il s'agit de fabriquer des banknotes! je suis dans un repaire de faux monnayeurs!

Afin de cacher son saisissement et de se donner le temps de réfléchir aux moyens d'échapper à ce guet-apens, Michel reprit tout haut :

— Je ne vous comprends pas, monsieur? Vous m'avez proposé de reproduire une vignette anglaise, représentant la fortune? je ne vois pas de figure sur ce papier.

— Est-ce que... (pardon du jeu de mots, mon brave garçon)..., est-ce que ce chiffon de papier ne représente pas cinquante livres sterling? Or, qu'est-ce que *la fortune?* sinon l'argent?

— Diable! Monsieur, vous me proposez de faire de la fausse monnaie?

— Qu'importe, si grâce à la perfection de votre travail, on accepte ces fausses banknotes comme si elles étaient vraies!

— Mais c'est un cas de galères, monsieur!

— Certes, si la fraude est découverte; il dépend de vous qu'elle ne le soit point : rendez la copie absolument conforme à l'original.

— Je ne me charge pas d'un travail qui m'expose à de si grands risques, à moins que vous ne doubliez la somme promise, —répondit brusquement Michel, afin d'éloigner par son apparente condescendance, les soupçons du faussaire. — Et puis vous me payez sans doute en fausses banknotes? je n'accepte pas ce marché là.

— Admettons que je vous paye en fausses banknotes? où est l'inconvénient? si vous pouvez les échanger contre du bel et bon or ?...

— C'est un risque de plus à courir ; cela ne me convient pas... Vous me donnerez douze mille francs en or.

— Douze mille francs en or?.. vous êtes fou!

— Alors, bonsoir, cherchez un autre graveur.

— Oh! oh! mon cher, l'on ne sort pas d'ici aussi facilement que l'on y entre, — répondit Angelo avec un sourire sinistre et menaçant. — Vous avez maintenant mon secret, vous ne quitterez cette maison qu'après la gravure de ma planche, vous serez ainsi devenu mon complice, je n'aurai plus à craindre d'être trahi par vous.

— Vous pouvez me retenir ici, mais vous ne me forcerez pas à graver votre planche, si je ne veux pas la graver.

— Vous croyez cela?

— Oui, je vous défie de me contraindre à travailler malgré moi.

— Voyons, — reprit Angelo, après un moment de silence, — transigeons? je vous donnerai cinq mille francs en or... et pareille somme en banknotes?

— Au lieu de douze mille francs, je consens à n'en recevoir que dix, mais en or — c'est oui ou non.

— Vous êtes terriblement intéressé, mon cher!

— On le serait à moins... risquer les galères!!

— Va donc pour dix mille francs.

— En or?

— En or, et payables après l'achèvement de la planche.

— Non, non! vous me paierez lorsqu'elle sera aux trois quarts terminée, parce qu'il dépendra de moi de ne pas l'achever, si vous manquiez à votre promesse.

— Quelle défiance!

— Chacun a son caractère.

— Allons, soit, vous serez payé selon les conditions que vous exigez. Voici une planche préparée, quand comptez-vous l'avoir terminée?

— Hum, — dit Michel en examinant une des banknotes, — il me faudra au moins... trois ou quatre jours, afin que le travail soit parfait.

— Heureux coquin! et après ces trois ou quatre jours de travail, hein... quelles bombances! avec quels délices vous vous livrerez à votre chère oisiveté? Donc, allumez votre lampe et à l'œuvre,

— dit le repris de justice. En laissant à Michel une bougie, il se dirigea vers la porte. — Je vous enferme — ajouta-t-il — afin que vous ne soyez pas dérangé. Bonsoir !

Angelo sortit, fermant à double tour les serrures des deux portes de la chambre.

VII

Michel demeuré seul, comprenant, mais trop tard, la gravité de son imprudence, resta consterné.

— Oh! je ne demeurerai pas un moment de plus ici! — s'écria-t-il. — Je frissonne en songeant que la justice est peut-être sur les traces de ces misérables! l'on pourrait visiter cette maison, m'y trouver, me considérer comme complice de ces faux monnayeurs! Ah! c'est horrible! dans quel guet-apens suis-je tombé! pourquoi suis-je venu ici!! Maudit soit mon funeste désir d'éclairer maître Fortuné sur le sort de sa cousine. Quelle découverte, mon Dieu!! madame de Villetaneuse, maîtresse de ce scélérat, peut-être sa complice!! Ah! s'il était temps encore de l'arracher à cet abîme! de prévenir la famille de cette malheureuse femme ; mais il faudrait sortir d'ici... double danger... car s'ils me surprennent au milieu de ma tentative d'évasion, ces bandits, dont je possède le secret, sont capables de m'assassiner... Oh! mon cœur bat..., et pourtant je ne suis pas lâche ! Allons, pas de faiblesse, de la résolution, du sang-froid, tâchons de fuir ce repaire.

Michel examina très attentivement les lieux où il se trouvait.

Deux portes communiquaient à cette chambre, leurs serrures venaient d'être fermées à double tour par Angelo ; il ne restait d'autre issue, que la fenêtre ou la cheminée. Michel la sonda du regard, en s'éclairant de sa bougie, malheureusement cette cheminée, très étroite, formait un coude à quelques pieds au-dessus du foyer, toute évasion devenait impossible de ce côté ; Michel ouvrit doucement la fenêtre, le croissant de la lune jetant dans le jardin et sur la façade de la maison une demi-clarté, permettait de reconnaître que la croisée, située au premier étage, n'était guère élevée que de vingt pieds environ au-dessus du sol; Michel se crut sauvé, Angelo lui avait montré un lit de sangle destiné à son coucher, ce lit devait être garni, sinon de draps, au moins d'une couverture, et en la coupant en bandes, nouées ensuite bout à bout, on pouvait s'en servir comme d'une corde, descendre ainsi par la fenêtre dans le jardin, entouré de murailles assez faciles à franchir en grimpant à l'un des arbres qui les surplombaient; l'espoir de Michel fut encore trompé, il ne trouva sur la sangle du lit, qu'un matelas. Retournant alors à la croisée il remarqua une corniche saillante d'un pied environ, elle s'étendait sur la façade de la maison, au-dessous des croisées du premier étage.

Il fallait braver un grand péril, déployer autant de courage que de sang-froid, pour traverser d'un pied ferme cet étroit passage, afin d'atteindre ainsi l'une des fenêtres voisines, casser l'un de ses carreaux, ouvrir intérieurement l'espagnolette, pénétrer dans la maison, gagner l'escalier, le jardin, et escalader ses murs, tentative d'évasion doublement dangereuse, car le fugitif, avant de sortir de la maison risquait de rencontrer les faux monnayeurs.

Les moments pressaient, Michel de plus en plus épouvanté à la pensée d'être arrêté dans ce repaire par la justice, peut-être en éveil, et de se voir accusé d'une criminelle complicité, se résolut de tenter la traversée de la corniche, après avoir remarqué, en se penchant au dehors autant qu'il le put, que la chambre voisine était complètement obscure; il enjamba donc la barre d'appui de la croisée, puis collé à la muraille, il s'avança prudemment, pied à pied, sur le rebord de la saillie de pierre; heureusement les demi ténèbres de la nuit le préservèrent d'un vertige presque infaillible, en noyant d'ombre la profondeur béante au-dessous de lui, et au bout de cinq ou six pas, il arriva devant une fenêtre à travers les vitres de laquelle il n'aperçut aucune lumière, il poussa doucement, à tout hasard, les châssis, espérant qu'ils ne seraient peut-être pas solidement fermés ; ils cédèrent, il pénétra dans une chambre pleine de ténèbres, au milieu desquelles il commença de marcher à tâtons ; bientôt sa vue se familiarisant avec l'obscurité rendue moins sombre par la faible clarté du croissant de la lune, il distingua une porte au fond de cette pièce absolument démeublée, qui n'avait pas d'autre issue ; il prêta l'oreille, un profond silence régnait autour de lui ; s'enhardissant de plus en plus, il tourne doucement le bouton d'une serrure, et se trouve dans un couloir où il ne distingue rien à un pas devant lui ; s'arrêtant alors, il étend les bras à droite et à gauche, rencontre les parois de la muraille, se guidant ainsi, il continue sa marche ; mais soudain, une vive clarté frappe ses yeux, il entend un bruit de voix, et aperçoit en face, et tout proche de lui, une porte dont l'imposte était en partie vitrée, afin de donner sans doute accès au jour dans ce couloir.

Michel s'arrête immobile de frayeur, ignorant si les personnes dont la voix parvenait jusques à lui, allaient traverser le passage où il se trouvait et se rendre dans la chambre qu'il avait quittée; son alarme fut vaine, le remuement de plusieurs chaises, se mêlant bientôt au bruit des voix, annonçait que ceux dont il craignait la présence se disposaient à s'asseoir.

Michel, quelque peu rassuré, se demanda néanmoins comment il sortirait de cet impasse? La chambre où il avait pu s'introduire par la voie périlleuse de la corniche, n'offrait d'autre issue que le couloir où il se blottissait, il lui fallait donc, pour achever son évasion, attendre le départ ou l'éloignement de ceux-là dont il entendait la voix. Cédant alors à un mouvement de curiosité remplie d'angoisse, il avança la tête à la hauteur du lozange vitré, pratiqué dans la partie supérieure de la porte, et à travers duquel se projetait un vif rayon lumineux ; Michel ainsi invisible aux personnages qu'il voyait et qu'il écoutait, fut témoin et auditeur de la scène suivante.

VIII

Les faussaires se disposaient à souper sans façon, et comme l'on dit : *sur le bout de la table*. Mauléon était allé pendant la soirée acheter chez Chevet, un saumon, une galantine de volaille, un pâté de foie gras, six bouteilles de vin de Champagne, de beaux fruits, enfin quelques gâteaux d'entremets, pris chez Félix, complétaient *l'ambigu ;* les ustensiles de ce souper improvisé se composaient d'une douzaine de couverts de Maillechor, de couteaux, d'assiettes et de verres très communs, le tout acquis dans la soirée pour l'occasion; les comestibles étaient déposés dans leurs enveloppes de papier, sur une vieille table sans nappe, le service incomplet de cette réfection, divertissait beaucoup les faussaires, habitués lors des soudains retours de leur criminelle fortune, à vivre avec luxe et confort : trois d'entre eux venaient de s'attabler, Mauléon, Robert et le comte de Villetaneuse. Ce dernier disait en ce moment à Mauléon :

— En vérité, mon cher, il est de la dernière inconvenance de nous mettre à table avant l'arrivée de la maîtresse de la maison, et de votre ami, M. Angelo Grimaldi, à qui vous me faites l'honneur de me présenter ce soir.

MAULÉON.

Angelo et sa maîtresse ne se formaliseront point, rassurez-vous ; notre belle hôtesse, ne tardera pas à nous rejoindre, elle a voulu sans doute donner un tour à ses cheveux avant de paraître à table. Les femmes sont toujours coquettes ; elle sera d'ailleurs plus indulgente pour vous que pour tout autre.

LE COMTE DE VILLETANEUSE.

Qui peut me mériter son indulgence ?

MAULÉON *(avec un sourire sardonique.)*

L'on est toujours indulgent pour ses anciens amis.

LE COMTE.

Je ne connais pas cette dame.

MAULÉON.

Erreur, mon cher... Vous la connaissez, au contraire, très-particulièrement.

LE COMTE.

Moi?

MAULÉON.

Vous.

LE COMTE.

Elle s'appelle... m'avez-vous dit, madame d'Arcueil? je ne me souviens nullement de ce nom-là...

MAULÉON.

Le nom ne fait rien à la chose. Vous allez revoir, vous dis-je, une ancienne et très-intime amie, qui est sans conteste, l'une des plus ravissantes femmes de Paris.

LE COMTE.

Vous piquez beaucoup ma curiosité.

ROBERT.

Nous ne commençons donc pas à souper? J'ai une faim de tous les diables, moi!

MAULÉON, *riant.*

Ces savants, toujours absorbés par la méditation de la science, sont complètement étrangers au savoir-vivre.

LE COMTE.

Ah! Monsieur est un... savant.

MAULÉON.

Mon cher, je vous présente M. Robert, l'un de nos chimistes les plus distingués, je devrais dire, alchimiste, pardieu! puisqu'il est l'inventeur du papier de nos banknotes, et que nous avons trouvé, grâce à lui, la véritable pierre philosophale.

LE COMTE, *saluant Robert.*

Je suis enchanté, monsieur, d'avoir l'honneur de rencontrer ici, un savant tel que vous...

ROBERT, *s'inclinant aussi.*

Monsieur, je suis certainement très-sensible à vos compliments... mais, je dirai comme l'immortel fabuliste : *La moindre tranche de pâté de foie gras, ferait bien mieux mon affaire...*

MAULÉON.

Allons! calmez-vous, scientifique dévorant! Voici Angelo et sa maîtresse...

Le repris de justice et Aurélie entrent en ce moment.

La comtesse a quitté son chapeau, et n'est plus coiffée que de ses épais bandeaux de cheveux ondés. Elle n'a pas d'abord reconnu son mari, la salle à manger étant peu éclairée, le comte se levant et s'inclinant, n'a pas non plus reconnu sa femme; mais bientôt, tous deux se regardent, tressaillent et restent stupéfaits.

Un sourire douloureux contracte le pâle visage d'Aurélie, la rencontre inattendue d'Henri de Villetaneuse, éveille en elle les navrants souvenirs de l'époque de son mariage, cause première de ses désordres, et par un terrible retour sur sa condition présente, elle ressent doublement l'abjection où elle est tombée.

Le comte, dont la corruption égale le cynisme, revient de sa première surprise, et éclate de rire.

Mauléon jette un regard ironique sur Angelo qui, très étonné du trouble d'Aurélie et de l'hilarité du comte, semble chercher le mot de l'énigme, tandis que Robert se hâte de dépecer le saumon.

LE COMTE *riant aux éclats.*

Ma femme!!!... ah! pardieu, le tour est piquant!

ANGELO *regardant Mauléon.*

Que dit-il?

MAULÉON.

Mon cher, je te présente M. le comte de Villetaneuse, qui veut bien s'associer à nous pour le placement de nos banknotes. Il possède, je te l'ai dit, et tu le vois, les qualités nécessaires à cet emploi... en un mot, les façons de la meilleure compagnie...

ANGELO, *stupéfait.*

Monsieur de Villetaneuse!

LE COMTE *se versant un verre de vin de Champagne et s'adressant à Aurélie.*

Ma chère, je bois à notre rencontre! elle est, je l'avoue, des plus originales... Oublions le passé, au diable la rancune et soyons bons amis! *(A Angelo en lui tendant la main.)* Ma femme a dû vous apprendre, mon cher et honorable complice, que je n'étais point un *Othello*... Soupons...

ROBERT, *la bouche pleine.*

Soupons... soupons...

Les convives s'attablent.

Un moment de silence embarrassé succède aux ignobles paroles du comte, les autres malfaiteurs, malgré leur endurcissement, sentent ce qu'il y a de fatalement providentiel dans la réunion du comte et de la comtesse en de telles circonstances.

Aurélie devient livide. Son avilissement est grand, cependant tout se révolte en elle à la vue de son mari assis là... parmi ces faussaires, dont elle et lui sont à cette heure complices.

Michel, invisible témoin de cette scène, éprouve un dégoût et une horreur indicibles, se croyant le jouet d'un songe hideux, il oublie le danger; une sorte de charme terrible le tient cloué au fond de sa cachette : il regarde et écoute...

LE COMTE *à Aurélie.*

D'honneur, ma chère, vous êtes toujours d'une beauté enchanteresse... Je dirai plus : ce je ne sais quoi... qui prouve qu'une femme *a vécu*... donne selon moi à votre physionomie, un attrait bien supérieur à celui qu'offraient vos fraîches joues roses et votre innocent regard, lors de notre mariage; mais, de grâce ! ne restez pas ainsi muette et troublée... La situation est bizarre, soit ; mais je vous croyais assez *avancée*, pour prendre autrement la chose. Hé ! tenez, voici qui va vous mettre tous les deux fort à l'aise ! Il est des pays, en Angleterre, en Amérique entr'autres, où le divorce est permis ; supposons que nous avons divorcé et que vous avez épousé, en secondes noces, notre honorable complice que voilà... Dès-lors, nous serons parfaitement à l'aise, au vis-à-vis des uns des autres.

ANGELO.

L'idée est charmante !.. allons, Aurélie, déridez-vous... vous n'avez, ce soir, ni verve, ni entrain ; ce cher comte croira que je ne vous rends pas heureuse.

AURÉLIE.

Je me sens un peu souffrante, ne faites pas attention à moi.

LE COMTE, *à Aurélie.*

Je ne serai point assez indiscret, ma chère, pour vous demander le récit de vos aventures, depuis notre séparation. Quant aux miennes, vous devez les deviner à peu près, puisque nous nous retrouvons ici associés, pour l'opération que vous savez, sans doute?

ANGELO.

Aurélie sait tout... elle ne reculera pas devant le péril... Vous la verrez à l'œuvre, mon cher comte ; elle est mon élève, j'en suis fier.

ROBERT, *la bouche pleine.*

Voici un excellent saumon.

LE COMTE, *à Aurélie.*

Vous en offrirai-je?

AURÉLIE.

Je vous remercie... Versez-moi un peu de vin, Angelo.

ANGELO, *versant.*

Bravo, ma chère, après deux ou trois verres de vin de Champagne, vous retrouverez la parole et votre gaîté.

AURÉLIE.

Je l'espère... (*Elle boit, puis elle dit à part en regardant le comte avec une secrète indignation.*) Ah! j'aurais dû mourir, lorsque je me suis empoisonnée par amour pour cet homme!..

LE COMTE.

Chose étrange, messieurs, que la destinée humaine et ses enchaînements, lorsque l'on remonte des effets aux causes.

MAULÉON, *hochant la tête.*

Ah! les causes... les causes...

ANGELO.

Tenez, mon cher comte, je gagerais que Mauléon va nous dire que la cause du déraillement de sa vie est une certaine Catherine de Morlac... Il revient sans cesse à cette cause première, et...

LE COMTE, *interrompant Angelo et s'adressant à Mauléon.*

Quoi!.. vous avez connu Catherine de Morlac?

MAULÉON.

Elle m'avait ensorcelé.

LE COMTE.

Et moi, j'étais fou d'elle!

MAULÉON.

Puis-je vous demander (sans jalousie rétrospective) à quelle époque vous étiez fou de Catherine?

LE COMTE.

C'était lors de mon mariage, il y a de cela... (*s'adressant à Aurélie*) Il y a de cela... sept ans environ... N'est-ce pas, comtesse ?

AURÉLIE.

Oui, sept ans... (*à Angelo*) Versez-moi à boire, je vous prie.

LE COMTE.

En vous parlant tout à l'heure, messieurs, de la bizarrerie des destinées, ainsi que des causes et de leurs effets, je voulais justement en venir à ceci, que sans Catherine de Morlac... (*s'adressant à Aurélie*) nous pouvons, ma chère, maintenant parler à cœur ouvert... Je disais donc que, sans Catherine de Morlac, la destinée de madame de Villetaneuse eût été, sans doute, fort différente de ce qu'elle est...

ANGELO.

Comment donc cela ?

LE COMTE.

Rien de plus simple, Catherine me dominait tellement, qu'instruit de mon mariage, elle me le fit d'abord rompre... puis, par caprice, elle changea de résolution, et voulut absolument me voir marié... J'épousai donc madame.

AURÉLIE, *à part*.

Mon Dieu !.. je croyais avoir bu la honte jusqu'à la lie !..

LE COMTE.

J'avais donc raison, messieurs, d'affirmer que Catherine, absolument inconnue de madame de Villetaneuse, avait pourtant décidé de la destinée de la comtesse; du reste, depuis lors, Catherine a disparu... J'ai, à l'époque dont il s'agit, fait toutes les démarches imaginables pour la retrouver... impossible d'y parvenir, j'ignore ce qu'elle sera devenue.

MAULÉON, *avec un éclat de rire sardonique*.

Catherine est devenue une sainte !

LE COMTE.

Ah ! bah ?.. dévote ?.. Après tout, cela n'a rien de bien surprenant.

MAULÉON.

Dévote ! bien mieux que cela, ma foi !

LE COMTE.

Il me semble pourtant difficile d'aller plus loin.

MAULÉON.

Erreur! vous allez apprendre quelque chose de fort curieux... D'abord sachez que Catherine avait un fils...

LE COMTE.

J'ignorais cela.

MAULÉON.

Elle a retrouvé ce garçon probablement à l'époque où vous avez perdu ses traces, alors, revirement incroyable! métamorphose complète! A la vue de son fils, Catherine prend horreur de sa vie passée, renonce au luxe, aux plaisirs, réalise ses capitaux, et, afin de se rapprocher de son enfant, apprenti orfèvre... (il ignorait qu'elle fût sa mère)... elle se fait ouvrière dans le même atelier que lui.

LE COMTE.

Allons, Mauléon! c'est un roman que vous nous contez là! une pareille conduite serait d'une vertu héroïque, et Catherine avait, Dieu me damne! aussi peu de penchant pour la vertu que pour l'héroïsme; à elle seule; elle nous aurait roués tous, et nous avons... de l'acquit!

ANGELO.

Mon cher comte, si invraisemblable que vous semble le récit de Mauléon ! il est parfaitement exact.

MAULÉON.

Afin de prouver la réalité de ce que j'avance, je citerai des noms, des faits ; ainsi l'orfèvre dans l'atelier de qui travaillait Catherine se nommait Fortuné Sauval.

LE COMTE, *à Aurélie*.

Votre cousin, ma chère, s'appelait Fortuné Sauval..., ce me semble ?

AURÉLIE.

—Oui. (*à part et accablée*).—Oh ! ce nom, ce noble nom !... l'entendre prononcer ici !

LE COMTE.

En vérité, ce que j'apprends là me confond ; quoi... ! Catherine ?

MAULÉON.

Attendez ! vous n'êtes pas au bout de vos étonnements; Catherine possédait près de quatre cent mille francs de fortune, et...

LE COMTE.

Permettez, vous êtes dans l'erreur ; j'ai

plus d'une fois payé ses dettes, malgré elle ; il est vrai...

MAULÉON, *éclatant de rire*.

Malgré elle ! ah, ah, ah...

LE COMTE.

Je puis le dire sans fatuité, Catherine m'adorait ; j'avais toutes les peines du monde à lui faire accepter quelque cadeau...

MAULÉON.

Mais elle finissait par accepter le cadeau, par vous laisser payer ses dettes... *malgré elle*... n'est-ce pas? Ah! mon pauvre comte, cette damnée Catherine était fine comme l'ambre... et pour vous pressurer, vous cachait sa fortune. Or, savez-vous l'emploi qu'elle faisait de son argent après sa conversion ? Le voici : Elle habitait un grenier de la cour des Coches, et lorsqu'elle était instruite de quelques misères, elles étaient aussitôt secourues, sans que l'on pût savoir quel était ce mystérieux bienfaiteur.

LE COMTE.

Vous me rappelez certains souvenirs... (*à Aurélie*). En effet, ma chère, lorsque votre sœur venait vous voir, elle vous parlait toujours d'une sorte de génie invisible qu'on appelait : le bon génie de la cour des Coches?

MAULÉON.

Ce bon génie n'était autre que Catherine... Avais-je pas raison de dire qu'elle était devenue mieux que dévote ?

LE COMTE.

Messieurs, nous sommes ici entre complices, nos preuves sont faites ; nous restons complètement en dehors des questions de vertu, de réhabilitation, expiation et autres contritions. Nous pouvons donc, pardieu! sans nous compromettre, sans risquer de passer pour des niais... avouer que la conduite de Catherine est tout simplement... admirable...

MAULÉON.

Je l'avouerai d'autant plus volontiers, que ma haine contre cette femme, s'est, je crois, exaspérée, en raison même de l'héroïsme de sa conversion ; aussi me suis-je délicieusement vengé de l'espèce d'admiration qu'elle m'inspirait malgré moi.

ANGELO, *au comte.*

Cette vengeance était son dada... son idée fixe...

LE COMTE, *à Mauléon.*

Comment donc vous êtes-vous vengé ?

MAULÉON.

Catherine était torturée par la crainte de voir son fils instruit des infamies de sa vie de courtisane... Qu'ai-je fait ? J'ai révélé à ce garçon que Catherine de Morlac était sa mère ; et quelle femme avait été Catherine ?

LE COMTE.

Quoi ! Vous regardez cette révélation comme une vengeance ?

MAULÉON.

Et des plus cruelles !

LE COMTE.

Mais, vous êtes *volé,* mon cher! car si le fils de Catherine n'est pas stupide, s'il a quelque peu de sang dans les veines, il ressentira pour Catherine autant de respect que de tendresse.

MAULÉON, *haussant les épaules.*

Du respect, de la tendresse pour sa mère, lorsqu'il a su ce qu'elle a été ?...

AURÉLIE, *vivement.*

Sans doute! Est-ce que l'infamie du passé de cette femme ne rend pas son expiation plus touchante, plus courageuse? Comment! jeune et belle encore, soudain transformée par l'amour maternel, se vouant à une vie pauvre, laborieuse, afin de se rapprocher de son fils, elle fait à l'insu de tous un généreux usage de sa fortune; et son fils, apprenant que cette femme ainsi régénérée est sa mère... n'éprouverait pas pour elle de l'adoration!

MAULÉON.

Dites-donc du dégoût, de l'horreur, chère madame... Vous ignorez que ce nigaud, élevé dans les bons principes, doit se dire à chaque instant : « Honte et malheur « à moi! je suis le fils de Catherine de « Morlac!... »

AURÉLIE.

Au contraire! De même qu'en haïssant cette femme vous l'admiriez, son fils en l'admirant la chérira.

MAULÉON.

Mais pour l'admirer, il faudrait qu'il connût les circonstances qui rendent vraiment héroïque la transformation de sa mère, et il les ignore ! Ce n'est pardieu pas moi qui l'en aurais instruit ! Je lui ai seulement révélé et prouvé que Catherine la courtisanne était sa mère, or, il s'est, ensuite de cette révélation, enfui éperdu de la maison de l'orfèvre ; il n'y a pas encore reparu, selon ce que j'ai appris lors de mon retour à Paris, en me renseignant prudemment sur ces faits ; ce garçon ignore donc ce qu'il y a d'héroïque dans l'expiation de sa mère, il ne voit en elle, qu'une vulgaire courtisanne plus ou moins repentie. Ma vengeance est certaine, vous dis-je, Catherine ne vivait plus que par son fils et pour son fils... ! il est perdu pour elle, ma haine est satisfaite !...

ROBERT, *qui jusqu'alors a mangé comme un ogre, boit deux grands coups de vin, s'essuie les lèvres, et légèrement aviné, dit gravement à ses complices :*

Voilà qui est particulier, nous sommes ici entre coquins intimes ; madame la comtesse, a galamment divorcé plusieurs fois, selon l'ingénieuse expression de monsieur le comte ; hé bien ! nous venons..., (car je

me joignais d'intention à vos paroles)...
nous venons de traiter une question de
haute moralité : la théorie de la *réhabilitation*, avec une remarquable impartialité...
Savez-vous ce que cela prouve ?

ANGELO.

Concluez, savant docteur ! concluez...

ROBERT.

Voici ma conclusion : La vertu a en soi
quelque chose de si positif, de si mathématique... (*Il boit.*) que son évidence nous
frappe, quoique nous ne la pratiquions
point, cette dite vertu, il nous a été impossible de la nier... Que dis-je, (*Il boit.*)
nous venons de lui rendre un hommage,
platonique sans doute, mais réel... Je vais
plus loin... Ramassez dans les bagnes cent
vieux forçats, auprès de qui nous serions
tous tant que nous sommes ici, des délicats,
des scrupuleux, des timorés... (*Il boit.*) Tirez de la fange des plus mauvais lieux,
cent créatures auprès de qui madame la
comtesse serait une rosière !... Complétez
à nombre égal un autre aréopage, choisi
parmi la fine et exquise fleur des hommes

et des femmes de bien ; racontez à ces juges d'une essence si différente, à ces représentants du crime et de la vertu, l'histoire de Catherine de Morlac, et je gage que le crime n'applaudit pas moins chaleureusement que la vertu, à l'héroïsme de cette courtisanne, régénérée par l'amour maternel ! *(Il boit.)*

ANGELO.

Voilà, pardieu !... une belle découverte! Les coquins ont autant que les honnêtes gens conscience du bien et du mal, seulement, nos chers et intelligents coquins fuient comme une peste, la *conscience*... vieille fille acariâtre, et ouvrent leurs bras à la *jouissance*... joyeuse et belle fille de facile humeur. Vive Dieu ! la jouissance s'inquiète peu de la source de l'or pourvu qu'il ruisselle à flots ! ainsi que bientôt il va ruisseler dans nos coffres, grâce à notre excellente opération.

ROBERT, *aviné*.

Non, il ne ruissellera pas ! car nous sommes des ingrats, des hommes sans entrailles... des tigres !

ANGELO.

Oh! oh! à qui diable en avez-vous, savant docteur?

ROBERT, *avec un accent de plus en plus attendri*.

J'avais faim, j'ai mangé... j'avais soif, j'ai bu... beaucoup bu... énormément bu...

LE COMTE.

Ceci est évident... comme la vertu...

ROBERT *pleurant*,

Hi! hi... nous sommes des égoïstes... de féroces égoïstes! nous avons le ventre plein... hi... hi... le gosier largement abreuvé! hi... hi... et pendant notre réfection, l'un de nos frères travaille à creuser le lit de ce flot d'or que nous convoitons... Hélas! sans doute, il a faim.., notre frère! sans doute, il a soif... notre pauvre frère! et ingrats que nous sommes, nous oublions sa faim... hi... hi... nous oublions sa soif... hi... hi... hi!... c'est monstrueux!...

ANGELO.

Robert a raison, nous oublions notre graveur... il est grand ami de la bouteille, mais il faut qu'il travaille et ne s'enivre point;

une demi-bouteille de vin lui suffira, mettons dans une assiette un morceau de pâté, du pain, des fruits, et le savant docteur et moi nous porterons cette collation à notre homme, et nous nous assurerons qu'il s'est mis à l'œuvre.

ROBERT *se levant les jambes allourdies, place sur une assiette les reliefs du souper.*

« Aux petits... des oi... seaux... il donne la pâture,
« Et sa bonté s'étend aussi... sur la... gravure...

MAULÉON.

Ce graveur est-il un homme auquel on puisse se fier ?

ANGELO *prenant sur la table l'un des flambeaux, afin d'éclairer Robert, qui tient d'une main une bouteille, et de l'autre une assiette.*

— Ce graveur est une recrue que le vieux Satan a faite pour nous...

MAULÉON.

Tu es certain qu'il ne nous trahira pas ?

ANGELO.

D'abord, il devient par son œuvre forcément notre complice ; et si avant de le laisser sortir d'ici, nous avions sur lui quelque doute... (*Il jette un regard significatif à Mauléon.*) Nous aviserions....

MAULÉON.

C'est juste.

ROBERT.

Puisse notre frère en banknote, avoir autant d'appétit que j'en ressentais en me mettant à table... C'est l'humble vœu d'un homme rassasié...

ANGELO *se dirigeant vers la porte, le flambeau à la main.*

Savant docteur, vous êtes ce soir un véritable Saint-Vincent-de-Paul... Allons chez le graveur. *(Ils sortent tous deux.)*

IX

Michel, captivé par l'entretien précédent, avait oublié ses périls ; ses yeux s'étaient ouverts à la réalité, à la lumière ; à l'héroïsme de la réhabilitation de Catherine, dont il apprenait enfin l'admirable conduite... héroïsme si flagrant que le crime et la vertu devaient lui rendre un commun hommage. Michel n'éprouvait plus qu'un désir ; aller se jeter aux pieds de sa mère. Mais les dangers qu'il courait déjà, s'aggravaient encore par la sortie d'Angelo et de Robert ; ils allaient s'apercevoir de son évasion de la chambre où on l'avait enfermé ; ils se croiraient trahis, chercheraient le fuyard dans la maison, il pouvait tout redouter des faussaires, il lui fallait donc prendre à l'instant même une résolution.

Robert avait laissé ouverte une porte, faisant face à celle du couloir où se trouvait caché Michel; il aperçut à travers le losange vitré de l'imposte, qu'au-delà de la salle à manger, se trouvait le palier de l'escalier ; une seule chance de salut s'offrait à Michel, il la saisit courageusement.

Mauléon, Henri de Villetaneuse et la comtesse étaient restés assis autour de la table, éclairée par un seul flambeau ; Michel sort brusquement du couloir, renverse d'un coup de poing la lumière, s'élance dans la direction de la porte, fait quelques pas à tâtons, gagne le palier, saisit la rampe de l'escalier, le franchit en quelques bonds pendant que Mauléon et M. de Villetaneuse, revenant de leur première stupeur, appelaient leurs complices, en criant au milieu de l'obscurité :

— Trahison !... Angelo... Trahison ! ! ! Quelqu'un était caché dans le couloir !

— Mort et furie, c'est le graveur ! — répondit Angelo, du fond d'un corridor ! — Ce misérable s'est échappé de sa chambre en marchant sur le rebord de la corniche? Arrêtez-le! assommez-le! c'est un traître, s'il sort d'ici; nous sommes perdus!

En parlant ainsi, Angelo accourut sur le palier, un flambeau à la main... l'escalier fut soudain éclairé.

Michel se vit perdu, la porte d'entrée de la maison était fermée à clef; en vain, il avait essayé à tâtons d'ouvrir la serrure...

— Le voilà! il est pris! — s'écrièrent à la fois Angelo, le comte et Mauléon en apercevant le fugitif; et ils se précipitèrent dans l'escalier...

— Tu as notre secret, — dit Angelo d'un air sinistre, en saisissant Michel au collet! — Tu ne sortiras pas vivant d'ici!

Les trois faussaires, malgré la résistance désespérée du fils de Catherine, étouffant sous leurs mains les cris de ce malheureux, l'entraînèrent dans une chambre basse du rez-de-chaussée..

X

Fortuné Sauval, continuait d'habiter son élégante demeure du quartier Tivoli; la famille Jouffroy, vêtue de deuil, se trouvait réunie ce soir-là, selon son habitude, dans le salon, où se voyaient exposés en montre, les orfèvreries du célèbre artiste; deux luminaires de bronze d'un goût sévère, surmontés de leur globe dépoli, placés sur la haute cheminée de marbre richement sculptée, éclairaient cette vaste galerie, véritable musée, orné de statues antiques et d'excellents tableaux, et faisaient étinceler sur le fond de velours rouge des armoires vitrées : l'or, l'argent, l'émail, les pierreries des chefs-d'œuvres de l'orfèvre; une lampe à abat-jour, projetait sa douce clarté sur une grande table, autour de laquelle Marianne, la tante Prudence (devenue madame Roussel). Catherine et Camille, s'occupaient de différents travaux de tapisserie ou de broderie; Fortuné, modelait en cire un groupe de figurines; le père Laurencin, non plus vêtu en ouvrier, mais en *bourgeois*, lisait à haute voix, à l'aide de ses lunettes, le journal du soir; enfin, M. Jouffroy, berçait sur ses genoux la petite Lilie, fille de Marianne, tandis que le cousin Roussel, assis à côté de son vieil ami, et accoudé au dossier de son siége, caressait les boucles blondes de la chevelure de l'enfant, et écoutait ainsi que les autres personnages, la lecture faite à haute voix par le père Laurencin.

Quelques mots rétrospectifs expliqueront pourquoi le vieil artisan, Catherine et Camille, étaient regardés et acceptés désormais comme membres de la famille Jouffroy.

Le coup dont furent frappés l'aïeul, la mère et la fiancée de Michel lors de sa disparution, fut affreux...

Le désespoir de Catherine faillit la conduire au tombeau ; elle fut soignée pendant sa longue maladie par Camille avec un dévouement filial. Marianne et la tante Prudence témoignèrent aussi le plus tendre intérêt à cette malheureuse mère, il lui échappa en leur présence, et durant le délire d'un fièvre ardente, des aveux empreints de remords déchirants sur ses égarements, des imprécations contre son père, M. Laurent Jouffroy, qui pour se débarrasser d'elle, voulut la marier à quinze ans, au fils du père Laurencin, après l'avoir laissée exposée pendant son enfance au pernicieux contact de la perversité de sa mère, jadis séduite et abandonnée par lui, M. Laurent Jouffroy.

La famille apprit ainsi que Catherine lui appartenait. Ces aveux échappés à son délire, confirmés par le père Laurencin, inspirèrent à Fortuné Sauval et à sa femme une pensée généreuse, réparatrice, approuvée par M. et madame Roussel; aussi lorsque Catherine fut convalescente, Fortuné lui dit :

— Vous êtes fille du frère de ma mère, il

a été la cause première de vos malheurs, de vos désordres; ces désordres, vous les avez héroïquement expiés, vous êtes aux yeux de notre famille, qui est aussi la vôtre, complètement réhabilitée... vous vous asseoierez à l'avenir parmi nous, ainsi que le père Laurencin et Camille, fiancée de Michel, qui tôt ou tard nous reviendra, j'en ai la certitude.

Depuis ce jour, Catherine, le père Laurencin et Camille, furent traités en parents par la famille Jouffroy.

Ces témoignages d'estime et d'affection, si flatteurs pour Catherine, lui rendaient peut-être plus cruel encore l'abandon de son fils : pour lui seul, elle n'était pas réhabilitée... lui seul la méprisait...

En vain Fortuné répétait à la pauvre désolée, que la réflexion succédant aux premiers ressentiments causés par une fatale révélation, Michel reviendrait au bercail... Catherine n'espérait plus... et la pauvre Camille, malgré les illusions de sa jeunesse, partageait le douloureux découragement de la mère de son fiancé.

Madame Jouffroy était morte après une

maladie d'un mois, dont on a vu les causes, le deuil que portait encore la famille touchait à sa fin ; les derniers moments de madame Jouffroy furent déchirants ; elle eut, en cet instant suprême, conscience des malheurs provoqués par sa déplorable vanité : la dégradation de sa fille, la perte de la raison de son mari, et leur ruine à tous trois. Cette malheureuse femme emporta du moins la certitude de la tendresse de sa fille Marianne, qui ne faillit pas à ses devoirs ; Fortuné, le cousin Roussel et la tante Prudence, se montrèrent affectueux, indulgents pour madame Jouffroy, et elle s'éteignit en se demandant avec épouvante :

— Quel avenir attendait Aurélie ?...

Terrible doute !... dernier châtiment de cette mère coupable !...

M. Jouffroy, malgré les efforts de la science, malgré les soins empressés de sa fille, de sa sœur et de son vieil ami Roussel, restait dans la même situation mentale : ayant à peine conscience du présent et du passé, quoiqu'il reconnût parfaitement ceux dont il était entouré.

Mais l'affaissement de son intelligence lui rendait impossible la perception des idées les plus simples. Il jouissait d'une bonne santé, sa douceur inaltérable ne se démentait pas; il demeurait tranquille chez lui, occupé de confectionner ses bateaux de papier, il aimait aussi à se promener dans le grand jardin de la maison, puis, ainsi que cela se remarque souvent chez les malheureux dont l'esprit semble retombé dans les limbes de l'enfance, il se plaisait à promener par la main ou à tenir sur ses genoux, la petite Lilie, fille de Marianne; parfois la famille se sentait émue jusqu'aux larmes, en entendant ce pauvre vieillard à cheveux blancs, et ce petit enfant rose et blond, échanger les bégaiements, les rires, les mièvreries naïves du premier âge... Cependant les traits de M. Jouffroy, habituellement empreints d'une affligeante placidité, se rembrunissaient de temps à autre, il paraissait réfléchir, et après de longs efforts, sans doute tentés par lui afin de soulever le voile pesant qui obscurcissait sa mémoire et son intelligence, il disait :

— Et Mimi...? et Fifille... où donc sont-elles ?

— Elles ne sont pas ici, — lui répondait-on, — vous les verrez bientôt, bon père.

— *Mimi n'est pas fâchée ?*

— Non, rassurez-vous.

— *Fifille est-elle heureuse ?*

— Oui, bon père.

— Ah ! bien... — répondait ce malheureux ; et bientôt la faible lueur de raison, qui avait un instant vaguement éclairé le noir abîme de ses souvenirs, s'éteignait ; il retombait dans son état ordinaire, et réitérait de temps à autre les mêmes questions, accueillies par les mêmes réponses.

La vue de ce vieillard, témoignage vivant de tant de maux, de tant de chagrins, la mort récente de madame Jouffroy, l'ignorance du sort d'Aurélie, malgré les actives recherches de Fortuné Sauval, la presque certitude de l'avilissement croissant où elle devait être tombée, enfin, la disparution de Michel, rendaient graves et mélancoliques les réunions de la famille, quoique Fortuné continuât de goûter un bonheur parfait auprès de sa femme et de son enfant, et que le cousin Roussel et la tante Prudence se félicitassent chaque jour d'avoir consacré par le mariage leur vieille amitié ; tous deux parfois, grâce à leurs *prises de bec*, ainsi que disait autrefois M. Jouffroy, grâce à leurs réparties, à leurs saillies (car la vieille fille, devenue madame Roussel, continuait de faire endiabler son vieil ami, à la grande jubilation de celui-ci). Tous deux, disons-nous, égayaient parfois les causeries du soir ; mais bientôt, hélas ! la présence de M. Jouffroy, la tristesse contenue de Catherine et de Camille, l'une incessamment préoccupée de son fils, l'autre de son fiancé, mettaient un terme à ces rares moments de gaîté.

Ce coup d'œil rétrospectif jeté sur nos personnages, rassemblés dans le grand salon de la maison de Fortuné durant cette soirée, nous poursuivrons notre récit.

XI

Marianne, Catherine et Camille s'occupaient de différents travaux de tapisserie et de broderie, la tante Prudence se livrait à son éternel tricot, Fortuné modelait en cire un groupe de figurines, M. Jouffroy, assis près du cousin Roussel, berçait sur ses genoux la petite Lilie à demi endormie, et le père Laurencin, lisant le journal du soir à haute voix, était arrivé à cette portion des gazettes réservée à ce que l'on appelle les *faits Paris*, et continuait ainsi sa lecture :

« — Depuis quelque temps, l'autorité
« était sur la trace d'une association de
« dangereux malfaiteurs et repris de jus-

« tice, soupçonnés de se livrer à la fabri-
« cation de faux papier-monnaie étran-
« ger. Afin d'exercer plus secrètement
« leur criminelle industrie, ils avaient
« loué une maison isolée du quartier des
« Batignolles ; hier soir, vers minuit,
« M. David, chef de la police de sûreté,
« accompagné d'un magistrat et de nom-
« breux agents, s'est mis en mesure de
« surprendre les faussaires en flagrant
« délit. La maison des Batignolles, située
« dans un endroit écarté avoisinant les
« champs, a été cernée, toutes les issues
« ont été soigneusement gardées (l'on
« verra tout à l'heure la nécessité de cette
« précaution), et le magistrat a frappé à
« la porte de la maison, afin d'exécuter
« son mandat de perquisition et au be-
« soin d'arrestation. »

— J'ai horreur des faussaires et des faux-monnayeurs, — dit Fortuné en continuant de modeler ses figurines et interrompant la lecture du père Laurencin, — ces misérables-là sont, dans l'ordre des voleurs, ce que sont les empoisonneurs dans l'ordre des meurtriers, c'est le crime, plus la lâcheté.

— Tu dis vrai, Fortuné, — reprit le cousin Roussel. — Le voleur qui enfonce une porte, le meurtrier qui attaque sa victime de front, font du moins preuve d'une sorte d'horrible courage, et je vais vous citer à ce sujet une petite anecdote qui...

— Vous allez nous faire le plaisir de ne rien nous citer du tout, monsieur Roussel, et de nous laisser tranquille avec votre petite anecdote, vu qu'elle prendrait sournoisement les proportions du *petit goujon qui devient grand*, en d'autres termes elle finirait en queue de poisson... et nous en aurions pour deux heures à l'avaler, — reprit la tante Prudence tricotant à outrance, — permettez donc au père Laurencin d'achever sa lecture, vous nous raconterez ensuite tout ce que vous voudrez, à la condition que nous ne vous écouterons point, si cela nous convient.

— Madame Roussel? — reprit Joseph, s'adressant à sa femme avec une gravité comique, — il me paraît inouï, énorme, que vous suspectiez ainsi mes intentions, et que vous mettiez provisoirement *embargo* sur ma petite anecdote !

— Embargo... vous-même ! monsieur Roussel ! Voyez donc la belle comparaison nautonnière et marinière ! M. Roussel s'est sans doute enrégimenté parmi les canotiers Parisiens ? Dis donc Marianne, il paraîtrait que le pauvre cher homme est devenu un *Flambard !!*

— Sans être positivement un flambard, madame Roussel, j'ai bien le droit de...

— Mais non, monsieur Roussel, mais non ! vous n'avez point le droit de vous glisser insidieusement, traîtreusement à travers le récit de votre prochain aux moindres ouvertures que l'on vous laisse... et d'escamoter ainsi la parole envers et contre tous.

— Ainsi, madame Roussel a la police de l'audience ! — s'écria Joseph, feignant une indignation grotesque, — madame Roussel est l'*huissière* de céans ? elle impose à son gré le silence ?

— Pourquoi donc pas ? si vous jabottez comme un *avocat déniché*, monsieur Roussel?—et s'adressant au vieil artisan, tandis que Joseph riait de tout cœur des réparties de sa femme : — continuez, père Laurencin, et, au risque d'étrangler, poursuivez votre lecture dare-dare, tout d'un trait, sans respirer, sinon, mon superloquace époux profitera du moment où vous reprendrez haleine, pour nous gratifier d'une parenthèse qui durera jusqu'à demain matin... Défiez-vous de ce vilain homme, il a plus d'un tour dans son sac à la parole !

L'orfèvre, sa femme et Camille se mirent à rire, ainsi que le cousin Roussel, des boutades de la tante Prudence : Catherine sourit doucement malgré l'incurable tristesse qui pesait sur son cœur maternel, M. Jouffroy, incapable de comprendre la lecture que l'on faisait, continuait de bercer sur ses genoux la petite Lilie, afin de l'endormir, et cédant lui-même peu à peu au sommeil, sa tête vénérable se penchait sur sa poitrine, où s'appuyait le visage rose de l'enfant, leurs cheveux blonds et leurs cheveux blancs se confondaient.

— Monsieur Laurencin, — dit Marianne à demi-voix, — ne lisez pas trop haut, de crainte de réveiller mon pauvre bon père.

Le vieil artisan répondit d'un signe et continua de lire à demi-voix ce qui suit :

XII

« Le magistrat ayant frappé à la porte
« de la maison isolée, afin d'exécuter son
« mandat de perquisition et au besoin
« d'arrestation, somma les habitants de
« cette demeure d'en ouvrir la porte au
« nom de la loi.

« Le magistrat ne reçut aucune réponse,
« le plus profond silence régnait dans la
« maison, mais soudain les agents embus-
« qués près d'une fenêtre basse, donnant
« jour à une cuisine, appelèrent à l'aide ;
« un homme et une femme tentaient de
« s'évader par cette issue, mais ils tom-
« bèrent entre les mains des agents, tan-
« dis que d'autres, pénétrant dans la
« maison par cette fenêtre basse, s'empa-

« raient, malgré leur vive résistance, de
« trois autres inculpés qui se disposaient
« aussi à s'échapper.

« Les perquisitions faites en présence
« des accusés, ont été couronnées d'un
« succès complet, on a saisi les preuves
« flagrantes du délit, une presse portative
« destinée à l'impression des faux billets,
« les débris d'une planche d'acier brisée,
« ayant servi au tirage des fausses bank-
« notes, une grande quantité de papier,
« préparé pour de nouvelles émissions, et
« fabriqué avec une telle habileté, qu'il
« imitait, à s'y méprendre, le papier-mon-
» naie d'Angleterre, enfin l'on a saisi di-
« vers outils servant au métier de graveur,
« et sur une table où se voyaient encore les
« débris d'un souper, une somme considé-
« rable en fausses banknotes, que les faus-
« saires se partageaient sans doute, au mo-
« ment où leur demeure a été envahie par
« la justice, car la femme, et deux des
« hommes arrêtés, ont été trouvés nantis
« de plusieurs paquets de ces fausses bank-
« notes qui concordaient de tous poin s

« avec le papier et la planche brisée saisis
« à leur domicile.

« En présence de ces faits accablants,
« toute dénégation de la part des inculpés
« devenait impossible, la femme, leur com-
« plice, a fait, dit-on, dans un premier
« moment de frayeur, les aveux les plus
« complets.

« Les perquisitions opérées dans cette
« demeure, ont amené une découverte
« singulière et mystérieuse.

« Le chef de la police de sûreté, en vi-
« sitant la maison de fond en comble, des-
« cendit dans une cave dont il trouva la
« porte fermée au cadenas, l'on fit sauter
« les pitons, et l'on découvrit au fond d'un
« caveau un jeune homme, dont les pieds
« et les mains étaient liés avec des mou-
« choirs ; interrogé sur la cause de sa
« présence en ces lieux, il a répondu :
« qu'attiré dans un guet-apens, par l'un
« des individus arrêtés, et sommé par lui
« de graver une planche destinée à fabri-
« quer de fausses banknotes, il avait feint
« de consentir à ce que l'on exigeait de
« lui, et qu'enfermé à cet effet dans une

« chambre, il avait essayé de s'évader,
« mais surpris dans sa fuite par les faus-
« saires, il avait été garotté, conduit dans
« cette cave où deux d'entre eux voulaient
« absolument le mettre à mort, lorsque
« la femme, leur complice, accourut ef-
« frayée, leur apprendre que la maison
« était cernée ; les faussaires abandonnè-
« rent alors le jeune homme, et l'enfermè-
« rent dans la cave où il a été découvert.

« Les violences dont il venait d'être
« l'objet semblaient écarter de ce jeune
« ouvrier graveur tout soupçon de com-
« plicité dans la fabrication des fausses
« banknotes, cependant, interrogé sur la
« question de savoir s'il connaissait les in-
« dividus et la femme arrêtés, il a répondu
« avec un embarras si manifeste, et de si
« évidentes réticences, qu'il a dû être mis
« provisoirement en état d'arrestation,
« et conduit ainsi que la femme et les qua-
« tre autres individus au dépôt de la pré-
« fecture de police.

« L'on assure, (nous n'affirmons pas le
« fait), l'on assure que, parmi les person-

« nes arrêtées dans la maison isolée des
« Batignoles, l'on a reconnu le...

La lecture du père Laurencin fut interrompue par l'arrivée soudaine du domestique de confiance de la maison, il entra précipitamment, et s'écria, d'une voix joyeuse et entrecoupée :

— Ah ! monsieur... ah ! monsieur...

— Qu'y a-t-il, Alexandre ? — demanda l'orfèvre, — vous semblez ému ?...

— Ah, monsieur ! il vient d'arriver... il est là...

— Qui cela ?

— Michel ! — répondit le serviteur, instruit du chagrin que la disparution du jeune homme causait, depuis longtemps, à l'orfèvre et à sa famille, — oui, Michel est là, monsieur, le voici...

XIII

Catherine, à l'aspect de Michel, poussa un cri de joie folle, et, oubliant le mépris qu'elle croyait inspirer à son fils, elle s'élançait vers lui, les bras ouverts, lorsque tombant à genoux devant elle, la figure baignée de larmes, il dit en sanglottant :

— Pardon... pardon, ma mère ! je vous ai méconnue... maintenant, je sais tout... votre courage, la grandeur de votre âme, votre expiation sublime... le *bon génie* de la Cour-des-Coches... c'était vous ! oh ! mère... je vous chéris... je vous respecte... je vous admire !...

— Ah ! Dieu m'a pardonné... car, mon fils, me pardonne !... — S'écria Catherine, en tombant dans les bras de Michel, qui, toujours agenouillé, la soutint; la pressa dans ses bras, et le fils et la mère confondirent leurs larmes, leurs caresses, leurs étreintes...

L'orfèvre et sa femme, le cousin Roussel et la tante Prudence, Camille et le père Laurencin, muets, immobiles, les yeux noyés de pleurs d'attendrissement, comtemplaient cette scène émouvante.

M. Jouffroy, éveillé en sursaut de son demi sommeil, mais conservant sur ses genoux la petite Lilie, profondément endormie, regardait çà et là, sans comprendre ce qui se passait autour de lui, quoiqu'il remarquât une certaine agitation, et s'adressant à la tante Prudence, près de laquelle il se trouvait :

— Ma sœur, qu'est-ce qu'il y a donc ?

— Mon pauvre frère, — répondit tristement, madame Roussel, sachant, hélas! l'inutilité de cette réponse, — c'est Michel qui revient à la maison.

— Ah! oui, — dit le vieillard en semblant faire un effort pour relier ses pensées, — ah! oui... Michel... je ne sais pas!

Et retombant dans sa taciturnité habituelle, il continua de bercer l'enfant sur ses genoux.

Catherine, après la première expansion de son bonheur inexprimable, dit à son fils en poussant doucement Camille entre ses bras :

— Embrasse donc aussi cette chère enfant... Elle se mourait de chagrin en ton absence...

— Oh! Camille... ma fiancée... ma bien-aimée femme ! — s'écria Michel en serrant sur son cœur la jeune fille rougissante et pouvant à peine croire à tant de félicité, — pardonne-moi la peine que je t'ai causée ! vous aussi, grand père, vous aussi, maître Fortuné... soyez indulgents ! Pardonnez à un malheureux insensé... qui rougissait de sa mère... de lui-même... et n'osait plus reparaître devant vous..

— Nous avions deviné la cause de ton désespoir, pauvre cher enfant ! — dit le vieillard en embrassant avec ivresse son petit-fils. — Hélas ! tu ignorais l'admirable réhabilitation de ta mère...

— Et moi, je disais toujours : l'enfant prodigue nous reviendra, — ajouta Fortuné en tendant ses deux mains à Michel ; — mon cœur ne m'a pas trompé... Tu es revenu près de nous, tes amis, tes parents... oui, tes parents ; ces mots te surprennent ?.. apprends que le père de ta mère était le frère de la mienne...

— Que dites-vous... monsieur Fortuné ?

— Ta mère est fille de M. *Laurent Jouffroy*, frère du pauvre M. Jouffroy que voilà... Comprends-tu maintenant que ton absence devait nous être doublement pénible ? en toi nous regrettions le parent et l'ami !

— Et maintenant, cher cousin, — ajouta Marianne en tendant la main à Michel avec une affectueuse cordialité, — nous ne nous quitterons plus, je l'espère. Nous partageons du fond de l'âme, croyez-le bien, le bonheur que votre retour cause à cette chère Camille et à votre digne mère que nous aimons, que nous vénérons tous... et que nous tâchions en vain de consoler...

— Oh ! merci... merci ! de vos bontés

pour elle, madame Fortuné, — répondit Michel avec effusion, — nous saurons vous prouver notre reconnaissance...

— Allons ! je vois qu'il n'y aura ici que moi, en ma qualité de fée grognon, assez osée pour te rûchonner, vilain enfant ! — reprit la tante Prudence, qui ayant connu Michel adolescent et apprenti, conservait l'habitude de le tutoyer ; — nous as-tu assez inquiétés, malgré ta lettre hebdomadaire ? d'où sors-tu ? d'où viens-tu avec tes guenilles, et si pâle et si défait ? Dites donc, monsieur Roussel ? m'est avis qu'au lieu de rester là comme un *apoco*, en vertu du contentement que vous cause le retour de Michel probablement... vous devriez faire servir quelque chose à manger à ce pauvre garçon, il a peut-être faim et soif.

— Ah ! terrible fée grognon que vous êtes ! — reprit Joseph en riant ; — voilà comme vous grondez les gens ? Et s'adressant au jeune homme :

— Ma femme a raison, ton retour m'a surpris, m'a saisi, mon cher Michel, je me souvenais avec émotion que ta première entrevue avec ta mère avait eu lieu chez moi...

— Ah ! je ne l'oublierai jamais, monsieur Roussel...

— Mon enfant, — reprit Catherine avec inquiétude en contemplant son fils, — toute au bonheur inattendu de te revoir, je n'avais pas remarqué l'altération de tes traits... Mon Dieu !.. ce n'est pas la faim ?.. le besoin ?..

—Rassurez-vous, ma bonne mère, et vous, monsieur Roussel, ne vous donnez pas la peine de rien faire demander pour moi, — ajouta Michel en voyant Joseph se diriger vers la porte... — J'ai soupé en prison.

— En prison ! — s'écria la famille tout d'une voix, — tu sors de prison ?

— J'y étais depuis hier soir ; mais, grâce à Dieu ! l'on a reconnu que je n'étais pas complice des faussaires que l'on a arrêtés...

— Quoi ! — reprit Fortuné, — cet ouvrier graveur... arrêté aux Batignolles...

— Comment savez-vous ?

— Ce serait toi ?

— Oui, maître Fortuné ; mais qui donc vous a instruit de mon arrestation ?

— Le journal du soir... ton grand père nous le lisait, lorsque tu es entré...

— Grand Dieu !.. — s'écria Michel, — vous savez donc tout ?...

— D'où vient ton anxiété... ton trouble ? — dit Fortuné surpris. — Nous savons seulement que des faussaires ont été découverts dans une maison des Batignolles où ils exerçaient leur criminelle industrie.

— Mais les noms ? — reprit Michel avec une angoisse croissante, — les noms de ces misérables... les connaissez-vous ?

— Quels noms ?

— Ceux de ces faussaires... le journal ne les a donc pas donnés ?... car sans cela.

— Achève... ton émotion redouble...

— Ah ! maître Fortuné, c'est horrible !

— Tu m'effrayes...

— Madame Fortuné ! monsieur Roussel, vous tous enfin... puisque nous sommes de la même famille, — dit Michel d'une voix tremblante ; — attendez-vous à une révélation cruelle... Il vous faut du courage, oh !

oui! maître Fortuné, vous avez besoin de tout votre courage...

— Que dis-tu?

— Hélas! un nouveau coup va vous frapper! coup bien douloureux, pour vous surtout, madame Fortuné!

— Pour moi?

— Oui, madame... apprenez qu'une femme a été arrêtée... avec ces misérables...

— Oui, le journal le dit.

—Hé bien! cette femme..—reprit Michel avec une pénible hésitation :—Mon Dieu! j'ose à peine achever... si vous saviez... cette femme... vous la connaissez... vous ne la connaissez que trop... madame Fortuné!...

—Ah!—fit Marianne, en poussant un cri déchirant, et cachant avec horreur son visage entre ses mains.

Elle devinait le nom de la complice des faussaires...

Fortuné aussi le devinait ce nom, et consterné, atterré, il murmura :

— Aurélie... complice de ces criminels. Aurélie!... mon Dieu!

—Elle est innocente! —reprit Marianne, en relevant son visage baigné de larmes :
— Oui, j'en jurerais... ma sœur doit être innocente !

— Elle a tout avoué ! — répondit Michel avec accablement ; — elle est la complice des faux monnayeurs, parmi eux se trouve son mari, le comte de Villetaneuse.

La famille Jouffroy accueillit cette révélation avec un silence morne et une stupeur profonde.

Tous se sentaient frappés du même coup, aucun n'osait prononcer une parole. Quelles paroles auraient pu exprimer leurs douloureux ressentiments !

Soudain M. Jouffroy d'abord éveillé en sursaut de son demi sommeil, par le cri déchirant de Marianne, tourna çà et là autour de lui son regard éteint, et prononça ces mots... les seuls qui revinssent parfois à son esprit troublé :

— Mimi est-elle fâchée ; Fifille est-elle heureuse ?...

Ces paroles prononcées en ce moment fatal par ce malheureux père, privé de raison, étaient d'un à-propos si navrant, si terrible, qu'un même sanglot s'échappa de tous les cœurs.

XIV

Michel, après avoir instruit la famille Jouffroy, des relations de madame de Villetaneuse avec les faussaires, raconta par suite de quelles circonstances, il s'était trouvé mis en rapport avec Angelo, comment auditeur invisible des complices durant leur souper, il avait appris la réhabilitation de sa mère ; comment enfin, découvert dans la cave, où il avait failli être mis à mort, il s'était vu provisoirement arrêté, quoiqu'il protestât de son innocence, refusant toutefois de satisfaire aux interrogations du magistrat, qui lui demandait les noms et les antécédents des personnes arrêtées. Ignorant les choses de la justice, et éprouvant un dernier sentiment de pitié pour Aurélie, sœur de la femme de son patron, Michel craignait d'aggraver la position de l'accusée, en révélant son nom et en répondant aux diverses questions du magistrat. Mais, après avoir passé la nuit et une partie de la journée en prison, possédé du désir de revoir sa mère et Camille, réfléchissant enfin, que l'aveu de la vérité pouvait seul lui ouvrir les portes de la geôle, sans compromettre davantage madame de Villetaneuse, Michel, vers le soir, profita de la venue du juge d'instruction pour lui déclarer la cause de ses réticences, et lui faire connaître le sentiment de délicatesse et de reconnaissance auquel il avait cédé; dans la crainte d'empirer le sort de la belle-sœur de son patron.

La sincérité de Michel perçait à chacune de ses paroles, il fut mis en liberté par ordre du magistrat instructeur, et accourut se jeter aux pieds de sa mère.

La famille Jouffroy, ensuite de la douloureuse stupeur où la jeta l'arrestation de madame de Villetaneuse, avisa aux résolutions à prendre dans cette misérable conjoncture ; Marianne, malgré les égarements de sa sœur, conservait pour elle, une inaltérable affection; sa première pensée fut d'aller visiter Aurélie dans sa prison, afin de lui apporter les consolations que peut offrir un cœur aimant et dévoué; mais de stériles consolations ne suffisaient pas à l'attachement de Marianne, et après avoir conféré une partie de la nuit avec son mari, sur des projets qu'il adopta, il fut convenu que dès le lendemain, Fortuné conduirait sa femme à la Conciergerie, où était détenue Aurélie. Le célèbre artiste, universellement aimé, considéré, devait d'ailleurs s'informer des moyens à employer pour solliciter l'indulgence, la pitié des juges en faveur d'une malheureuse jeune femme, encore plus égarée que coupable.

Marianne partit donc le lendemain matin pour la prison de la Conciergerie en compagnie de Fortuné Sauval.

XV

La comtesse de Villetaneuse, incarcérée à la Conciergerie, occupait une chambre dans le bâtiment dit, de *la pistole*, destiné à ceux des prévenus qui pouvaient payer le droit d'être emprisonnés séparément.

Une étroite fenêtre, garnie d'épais barreaux, filtrait un jour douteux dans cette chambre au sol carrelé, aux murailles nues, seulement meublée d'un lit de fer, d'une table, d'une chaise et d'un coffre servant de commode.

La lumière tombait de haut et en plein sur le visage d'Aurélie, assise devant la table, où elle avait commencé d'écrire à Angelo ; puis, absorbée dans de sinistres pensées, laissant échapper sa plume, appuyant son coude sur la table, son menton dans sa main, et levant les yeux vers la fenêtre, elle réfléchissait, en regardant les barreaux de sa prison... : les traits contractés de la jeune femme exprimaient alors, moins la honte, moins la souffrance morale, que l'irritation contre le sort; le froncement de ses noirs sourcils, son sourire amer, révélaient des sentiments de révolte, de colère impuissantes contre ce coup du destin qui la séparait d'Angelo, la jetait en prison, comblait la mesure de son opprobre, en la frappant d'une arrestation, et plus tard d'une condamnation infamante.

Cette rupture ouverte, irréparable des derniers liens, ou plutôt des dernières apparences, qui la rattachaient encore à la société, fut acceptée par Aurélie avec une sorte de vaillance farouche, de criminel orgueil; ne pouvant tomber plus bas, elle rêvait une détestable supériorité dans le mal; elle se reprochait comme une lâche faiblesse, d'avoir ressenti quelques vagues remords du passé, lorsque la rencontre inattendue de M. de Villetaneuse vint éveiller dans son âme tant de souvenirs ; elle voulait enfin s'élever à la *hauteur* d'Angelo, et lui prouver ainsi la constance de son amour et sa perversité croissante.

○ ○ ○ ○ ○ ○ ○ ○ ○ ○ ○ ○

La comtesse portait une élégante robe de chambre, elle s'était, dès le matin, coiffée avec soin devant un petit miroir... en pensant à Angelo... elle continuait de lui écrire une lettre, brûlante comme ses rêveries solitaires.,. soudain Aurélie entendit grincer l'énorme serrure de la porte qui s'ouvrit devant Marianne, et se referma sur elle, lorsque le guichetier l'eût introduite.

Les deux sœurs restèrent seules :

Elles se revoyaient pour la première fois depuis ce jour où madame de Villetaneuse était venue confier à la tante Prudence, la lettre anonyme relative à la liaison du comte avec madame Bayeul; de longues années s'étaient écoulées depuis cette époque, où Aurélie, alors dans l'éclat de sa première jeunesse et de sa beauté, épouse encore irréprochable, méritait les hommages, l'admiration, le respect... dont on l'entourait alors... et Marianne la retrouvait complice des faussaires, attendant dans sa prison un arrêt déshonorant.

Marianne, malgré son angélique bonté, était douée d'une raison solide, d'un caractère ferme : déterminée à ce pénible entretien, elle avait d'abord, si cela se peut dire: pleuré toutes les larmes de son cœur, ressenti, épuisé d'avance, les terribles émotions d'une pareille entrevue, ne voulant pas arriver gémissante, éperdue, auprès d'Aurélie ; mais calme, tendre, indulgente, se possédant tout entière, et soutenue par la pensée d'offrir à sa sœur mieux que de stériles consolations. Elle avait aussi désiré que son mari ne l'accompagnât pas, et l'attendît au greffe de la prison, faisant avec un tact exquis, la part de l'humiliation, des irritables et ombrageuses susceptibilités, que la vue de Fortuné devait éveiller chez la comtesse.

— Sœur, — dit Marianne, après le départ du guichetier, en tendant les bras à Aurélie ? — Sœur, embrasse-moi ! Je viens tenter de te sauver...

La détenue, à l'aspect de Marianne, se leva brusquement, l'œil sombre, le cœur aigri par le fiel de l'humiliation, et au lieu de répondre aux avances de sa sœur; elle se recula.

— Que venez-vous faire ici? — s'écriat-elle d'une voix frémissante. — Que voulez-vous?

— Aurélie! de grâce...

— Vous venez insulter à ma position?

— Pauvre sœur, je viens te dire que je t'aime... et te le prouver....

— Merci de votre tendresse et de ses preuves... Je n'en ai pas besoin.

— Mais, moi... j'éprouve le besoin de venir à toi...

— Ecoutez d'abord ma confession.... vous reconnaîtrez qu'il ne peut exister de rapprochement entre nous... honnête mère de famille que vous êtes! J'ai été femme entretenue, je suis la complice et la maîtresse d'un faussaire, repris de justice, avant d'être arrêtée avec lui; je l'aidais à voler au jeu en amorçant ses dupes : ce repris de justice, ce voleur au jeu; ce faussaire, je l'adore... Tenez... je lui écrivais...

voulez-vous lire ma lettre?... Mais, non... vous ne la comprendriez pas, respectable épouse que vous êtes ! Maintenant, vous savez ce que je suis... et de ce que je suis, je ne rougis pas!. Regardez-moi bien en face.. voyons, dites? lisez-vous la honte sur mes traits? Non, non, j'ai bu toute honte; entendez-vous ! Puissent ces francs aveux m'épargner de votre part, les fadeurs de la morale obligée ! mon parti est pris! mon âme bronzée! vous croyez peut-être que la prison et l'arrêt qui m'attend, m'épouvantent? Erreur!... le temps du repentir est passé! Tout est rompu entre la société et moi? J'accepte la lutte... on verra ce que je deviendrai! J'ai eu Angelo pour amant, c'est tout dire... l'on me condamnera ; tant mieux ! je me perfectionnerai en passant quelques années parmi les voleuses et les femmes perdues! je sortirai de prison, digne d'elles... Tel est le présent, tel sera l'avenir... Entendez-vous, madame Fortuné Sauval?.. entendez-vous, heureuse mère... heureuse épouse... vertueuse et immaculée créature... Lys sans tache !.. Il existe entre nous un abîme ! les années le creuseront encore davantage... oubliez-moi donc, comme je vous ai oubliée, comme je vous oublierai; c'est ce que nous pouvons faire de mieux pour ce que l'on appelle l'honneur de la famille...

— Aurélie... je t'ai écoutée, sans t'interrompre... tes paroles ne m'effrayent pas...

— Vous êtes brave.

— Je lis dans ton cœur...

— Il ne vous manque que les lunettes de la tante Prudence.

— Pauvre sœur! tu veux paraître méchante et pervertie... tu n'es qu'égarée....

— Vous avez besoin de vous imaginer cela par amour-propre de famille.

— Je ne te comprends pas...

— Me supposez-vous sotte à ce point de croire que l'affection vous amène ici?

— Qu'est-ce donc?

— La peur et la honte.

— Comment...

— Oui, la honte, oui, la peur d'être solidaire de mon infamie... mais rassurez-vous, votre mari est un si grand artiste, qu'il vendra toujours avantageusement ses orfèvreries, vous ne perdrez pas un de vos clients à cause de moi, cela vous consolera...

— Tu ne parviendras jamais, je ne dirai pas à me blesser... c'est impossible, mais seulement à me persuader, chère et pauvre sœur, que tu penses ce que tu dis, maintenant, écoute-moi à ton tour, j'espère pouvoir te sauver...

— Me sauver?..

— Oui, te faire évader d'ici avant ton jugement... tout est possible avec de l'argent, si, cependant ton geolier était incorruptible, voici mon projet : les gens de cette prison s'habitueront à me voir venir ici chaque jour...

— Vous m'épargnerez, ce...

— Laisse-moi achever, l'on ne se défiera nullement de mes visites, tu es d'une taille plus élevée que la mienne, je me vêtirai, à un jour convenu, d'une robe très longue, d'un ample mantelet, je porterai un chapeau garni d'un voile épais, ce jour-là, tu te diras un peu souffrante, afin de pouvoir rester au lit! tu t'habilleras de mes vêtements, tu sortiras d'ici à ma place, je prendrai la tienne, dans ton lit...

— Vous êtes vraiment généreuse... — dit la comtesse, avec un sourire sardonique, — y pensez-vous? favoriser l'évasion d'une criminelle...

— Criminelle ou non; tu es ma sœur, je veux te sauver, je te sauverai! Ecoute encore... Fortuné t'attendra hors de la prison, une voiture de poste sera préparée, vous partirez aussitôt; en voyageant avec la plus grande rapidité possible, vous pourrez gagner le Havre, avant que l'on se soit aperçu de ta fuite, puisque j'aurai passé ici la nuit dans ton lit; aussitôt après ton arrivée au Havre, avec Fortuné, tu t'embarqueras sur un paquebot destiné pour l'Amérique, le jour de ton évasion, sera fixé de sorte qu'il corresponde avec le départ de ce bâtiment; à ton débarquement à New-Yorck, l'un des correspondants de mon mari te remettra, chaque mois, une somme suffisante pour que tu puisses vivre dans l'aisance... quant à l'avenir, je compte, chère sœur, oui, je compte avec certitude, sur ce qu'il y a en toi de foncièrement bon... oui, j'en suis persuadée, tu reviendras au bien, et qui sait... si, lorsque les années auront blanchi nos cheveux, tu ne te rapprocheras pas de nous ? qui sait si nous ne terminerons pas nos jours ensemble....

— Ce projet est fort beau... mais...

— Un mot encore, Aurélie, ce projet, vas-tu peut-être me répondre, est dicté non par l'affection, mais par notre égoïste désir de t'épargner une condamnation, qui rejaillirait sur nous, et blesserait, ce que tu appelles : notre amour-propre de famille ? soit, pauvre chère sœur, crois cela, que t'importe, après tout ! pourvu que tu échappes à un jugement, pourvu que tu recouvres ta liberté !

— Vous me faites pitié !.. je ne veux pas de la liberté sans Angelo...

— Qu'entends-je...

— Je ne veux pas lâchement échapper à ma condamnation, tandis que mon amant subira la sienne...

— Aurélie... ma sœur...

— Je ne veux pas quitter la France où Angelo restera... je le retrouverai lorsque nous sortirons de prison, c'est convenu... c'est juré entre lui et moi...

— Mais, je...

— Mais, je ne suis pas lâche, moi, madame! je pouvais nier avoir eu connaissance que les banknotes saisies sur moi étaient fausses... et je me suis hautement déclarée complice d'Angelo, afin de partager son sort...

— Mon Dieu! c'est insensé!

— Ma résolution contrarie vos desseins; vous n'échapperez pas à ma flétrissure! Aurélie Jouffroy, comtesse de Villetaneuse, sœur de la femme de Fortuné Sauval, le célèbre artiste, sera condamnée à la réclusion... mon ignominie vous atteindra... j'en suis désolée... vous n'en doutez pas... mais, avant-hier encore, je jurais à Angelo que son sort serait le mien... et entre gens de notre espèce, voyez-vous... ces serments-là on les tient jusqu'à la mort...

— Aurélie... je t'en conjure... ne refuse pas de tenter la voie du salut que je t'offre...

— Assez... madame, assez...

— Non, non, tu m'écouteras, ton âme est généreuse encore! j'en ai la preuve dans ton refus, dicté par un sentiment de dévouement, si aveugle qu'il soit, si indigne qu'en soit l'objet !

— Voilà... une insulte... peu courageuse !..

— Quoi... ce faussaire... qui t'a perdue...

— Et, si je l'aime, moi, ce faussaire ! si je veux me perdre avec lui ?..

— Ma sœur...

— Madame, je croyais que du moins en prison, l'on pouvait jouir en repos de la solitude... cette visite sera, je l'espère, la dernière que je recevrai de vous...

— Aurélie, ne crois pas te soustraire à mon affection, elle survit... elle doit survivre à tout, tu es ma sœur, quoique tu dises, quoique tu fasses, quoique tu penses, tu seras toujours ma sœur ! aucune de tes paroles, aucun de tes actes, ne pourront jamais briser les liens sacrés qui nous unissent, je t'aimerai malgré toi, je te sauverai malgré toi, et...

Marianne s'interrompit en voyant la comtesse courir vers la porte de la chambre et y frapper à coups redoublés.

— Aurélie ! — s'écria la jeune femme, —

que fais-tu ?... pourquoi heurter ainsi à cette porte.

— Vous allez le savoir... madame...

Presque aussitôt la lourde clef grinça dans la serrure et le geôlier parut.

— Monsieur, — lui dit la comtesse de Villetaneuse, avec une ironie amère, — vous tenez sans doute beaucoup à conserver vos prisonniers ?

— Certainement.

— Regardez bien madame, afin de la reconnaître...

— Que signifie...

— Cela signifie, monsieur le geôlier, que madame est ma sœur, et elle vient me proposer des moyens d'évasion...

— Aurélie ! — s'écria Marianne avec un accent de douloureux reproche. — Mon Dieu !.. rien ne peut donc te toucher ?

— Comment, madame, — reprit le guichetier en s'adressant à Marianne, — c'est ainsi que vous abusez de la permission que l'on vous a accordée ?... vouloir faire évader une prisonnière.

— Ces propositions que madame m'a faites, — reprit la comtesse, — suffiront, je l'espère, à empêcher madame d'être désormais introduite dans ma prison?

— Je le crois bien! et je vais faire à l'instant mon rapport à M. le directeur, — répondit le geôlier, tandis que Marianne fondait en larmes, désespérée des refus de la comtesse, oubliant ses duretés, qu'elle attribuait moins à son cœur qu'à une exaltation passagère.

A ce moment, un autre employé de la prison accompagné d'un gendarme entra et dit à Aurélie :

— M. le juge d'instruction vous mande dans son cabinet, vous allez vous y rendre sous la garde de ce gendarme...

— C'est bien, — répondit froidement la comtesse.

Et elle alla prendre sur le coffre son manteau, ses gants, son chapeau, et silencieuse, elle ajusta sa toilette de prison, devant le petit miroir pendu à la muraille.

— Ah!.. — se disait Marianne désespérée, en attachant sur sa sœur ses yeux baignés de larmes. — Combien de fois, alors que nous étions jeunes filles... je parais avec amour et orgueil la beauté d'Aurélie prête à partir pour le bal... radieuse de bonheur et d'innocente coquetterie!!

Ce contraste déchirant entre le présent et le passé, le refus d'Aurélie au sujet d'une tentative d'évasion dont le succès était possible, impressionnèrent si vivement Marianne, qu'elle ne put retenir ses sanglots en voyant la comtesse, sa toilette achevée, se rapprocher du gendarme en lui disant :

— Monsieur, me voilà prête... je vous suis...

— Ma sœur ! — s'écria Marianne s'élançant au cou d'Aurélie, et la serrant entre ses bras, — si je ne dois jamais te revoir... au moins... un mot... un seul mot, et un dernier baiser d'adieu !

Cette étreinte palpitante, les battements de ce cœur qui battait sur le sien, le souvenir involontaire des jours de son enfance, émurent Aurélie, malgré son endurcissement ; ses yeux se mouillèrent, elle serra Marianne contre son sein, la baisa au front, et lui dit tout bas de sa douce voix d'autrefois :

— Adieu, petite sœur, je te sais gré de

ton offre généreuse, mais je ne saurais en profiter... Ne cherche pas à me revoir, ce serait inutile... adieu... pour toujours... adieu...

Et se dégageant brusquement des bras de Marianne, elle disparut rapidement sur les pas du gendarme.

———

Madame de Villetaneuse, durant tout le temps de sa captivité préventive, refusa opiniâtrément de voir personne de sa famille; Fortuné Sauval, fit de nombreuses et actives démarches, espérant apitoyer les juges de cette malheureuse jeune femme, plus égarée que coupable, disait-il; mais lors des débats criminels, enhardie, excitée par la présence d'Angelo, subissant plus que jamais son abominable empire, elle montra si peu de repentir et tant d'audace, qu'elle indigna ses juges, et fut condamnée à cinq ans de réclusion. Mauléon, Angelo, Robert et Henri de Villetaneuse furent condamnés à cinq ans de galères.

Le comte échappa au bagne en trouvant le moyen de se pendre dans sa prison.

FIN DE LA CINQUIÈME PARTIE.

ÉPILOGUE.

I

Cinq ans et quelques semaines se sont passés depuis la condamnation des faussaires.

Il fait nuit, il neige, la lune en son plein projette sa pâle lumière à travers les nuages chargés de frimats.

Une maison isolée se trouve à l'embranchement de deux routes, dont l'une conduit à Paris éloigné environ d'une lieue de cette espèce de carrefour.

Une femme postée en vedette, au point de jonction des deux chemins, de temps à autre prête l'oreille du côté de la maison.

Un morne silence règne autour de cette demeure, l'on n'entend que les sifflements de la bise chargée de neige, qui fouette la figure de la femme aux aguets, et couvre à demi ses vêtements ; son mouchoir à carreaux noué en marmotte, laisse apercevoir deux bandeaux de cheveux bruns, son châle de tartan croisé sur sa poitrine, se noue derrière son dos ; elle cache dans les poches d'une jupe grossière ses mains glacées par le froid ; de temps à autre elle frissonne en continuant de faire le guet aux alentours de la maison isolée ;

Cette femme dont l'âge dépasse à peine trente ans, est d'une taille élevée, dont la perfection et la grâce percent encore sous ses grossiers vêtements ; ses traits fatigués, flétris, plombés, ont été d'une beauté enchanteresse.

Cette femme est : Aurélie Jouffroy, comtesse de Villetaneuse, emprisonnée pendant cinq ans avec des voleuses, avec des créatures d'une ignoble ou redoutable dépravation ;

Le cynisme du vice, la haine de la vertu, la révolte contre le bien, l'orgueil du mal, toutes les passions exécrables ou ardentes que la prison couve et développe, ont envahi l'âme d'Aurélie, déjà corrompue avant son entrée dans cet enfer; sa jeunesse, son éclatante beauté, son éducation distinguée, la position qu'elle occupait dans le monde, et dont elle se raillait la première avec une sombre ironie; enfin une insolente affectation de perversité, lui avaient donné parmi ses compagnes, une détestable autorité, elles l'appelaient : *la comtesse*, avec un respect dérisoire, elle trônait au milieu de ces créatures avilies, gangrenées, hideuses, ainsi que jadis, chaste et belle jeune fille, elle trônait dans la maison paternelle, entourée des adulations de sa famille... Ainsi que jadis, quoique déjà déchue, mais intéressante encore, elle trônait à la cour souveraine de Meningen dont elle était l'idole... Ses compagnes de prison l'avaient appelée la *comtesse*.. et *comtesse* l'appelaient encore ses compagnes d'infamie, dans le repaire où l'avait entraînée une libérée comme elle, et où elle était allée attendre Angelo à son retour du bagne; leur abominable amour avait survécu à leur séparation, s'était enraciné dans leurs âmes, la vie de la prison et du bagne redoublant les ardeurs de cette passion impure, l'ancien forçat et la libérée correspondant ensemble, se promirent de ne plus se quitter, lorsqu'ils se retrouveraient à Paris, dans le bouge où Aurélie partageait l'opprobre de celles qui l'appelaient *la comtesse*...

Et pourtant Marianne et Fortuné, poursuivant jusqu'à la fin leur œuvre de commisération, avaient écrit lettres sur lettres à Aurélie, durant son séjour en prison, sans recevoir de réponse : leur pitié ne se lassa pas, ils s'étaient enquis du jour où expirait la captivité d'Aurélie, et en sortant de prison, elle trouva une personne de confiance envoyée par Marianne et Fortuné ; (tous deux revenus à Paris, auprès de leur fille gravement malade) ils envoyaient de l'argent à madame de Villetaneuse, la conjurant de leur faire connaître sa demeure future. Elle refusa fièrement ce qu'elle appelait *une aumône*, ses parents n'entendirent plus parler d'elle.. La malheureuse créature, cédant aux suggestions d'une autre libérée, était allée attendre Angelo dans un bouge infâme, où il la rejoignit à sa sortie du bagne.

Le temps de l'escroquerie élégante, en gants jaunes, en bottes vernies, la rose à la boutonnière, était passé pour le *grec*, et aussi passé pour la *courtisanne*, le temps de la prostitution de haut titre, parée de soie et de dentelles.

L'heure du vice abject, fangeux, l'heure du crime en haillons, avait sonné pour les deux complices.

L'âge, la vie du bagne et de la prison, ayant dévasté non moins l'âme que la beauté d'Aurélie et d'Angelo, ils devaient emporter de ces pandœmoniums, des habitudes, un langage, une physionomie indélébiles, stygmates ineffaçables dont les gens voués à la recherche des malfaiteurs, sont frappés au premier coup d'œil. Sur cent repris ou reprises de justice, il n'en est pas dix qui ne conservent l'empreinte irrécusable de leur indignité.

Aurélie et Angelo, moralement et physiquement, ne pouvaient donc plus exercer leur ancienne industrie, se produire, l'un, comme escroc de bonne compagnie, l'autre comme courtisanne du grand monde, il leur fallait descendre les derniers degrés du vice et du crime.

Ils les avaient descendus.

Voilà pourquoi la *Comtesse*, ainsi qu'on l'appelait dans un horrible repaire de la *Petite Pologne* (espèce *de cour des Miracles* située en ce temps là, non loin du palais de l'Elysée-Bourbon), voilà pourquoi la comtesse pendant cette nuit d'hyver et de frimats, faisait le guet aux alentours d'une maison isolée, située sur la route de Neuilly.

— Angelo tarde bien à sortir, — disait Aurélie d'une voix enrouée par l'abus des liqueurs fortes, qui avaient aussi couperosé son teint hâve et plombé, jadis si pur et si délicat, — Angelo m'a dit qu'il était certain que la servante était seule dans la maison en l'absence de ses maîtres... pourtant il m'a envoyé acheter et faire repasser un grand couteau de cuisine, afin de pouvoir se défendre si on l'attaquait... Cette femme est seule... elle n'aura pas essayé de résister... il ne lui aura pas fait de mal... Non ! — ajouta-t-elle, ne pouvant vaincre un frémissement sinistre, — non ! il ne lui aura pas fait de mal à cette femme... Mais comme il tarde à revenir... il doit être plus d'une heure du matin...

Les réflexions de la comtesse sont interrompues par Angelo, il sort précipitamment de la maison isolée, dont il referme soigneusement la porte derrière lui.

Le repris de justice, autrefois d'une beauté remarquable, est à peine reconnaissable, le soleil de Toulon, l'âcreté de l'air marin, ont empreint ses traits de cette nuance d'un bronze fauve particulière aux forçats ; ses cheveux coupés ras, selon les prescriptions du bagne, ont quelque peu crû, et grisonnent sur les tempes ; son visage s'est décharné ; sa taille, légèrement voûtée, certaine façon de *tirer* la jambe gauche, témoignent de son habitude de porter la chaîne, et de traîner de pesants fardeaux ; son misérable accoutrement se compose d'une casquette graisseuse, d'un vieux paletot de velours éraillé, boutonné jusqu'au menton, de bottes éculées, et d'un pantalon frangé de boue ; il tient d'une main un bâton noueux, et de l'autre un mouchoir noué par les quatre angles, renfermant des objets assez lourds ; son premier mouvement en arrivant près d'Aurélie, est de jeter à ses pieds le bâton et le paquet, qui rend un bruit argentin, puis Angelo se baisse afin de ramasser de la neige dont il se frotte les mains et le visage.

Le disque de la lune brillante, apparaissant en ce moment à travers une déchirure des grandes nuées sombres, devenues moins opaques, jette sa vive lumière sur le forçat... La comtesse s'aperçoit que la neige dont il frotte ses mains et son visage devient rouge....

— Du sang ! — s'écrie madame de Villetaneuse en frissonnant, — tu es blessé?..

— Moi?.. non, — répond Angelo.

Et après avoir ainsi lavé dans la neige ses mains et son visage ensanglantés, il tire de sa poche un *brûle-gueule* culotté par l'usage, le bourre de tabac, et l'allume en battant le briquet, sans dire un mot à sa compagne, frémissante à la vue du sang dont le forçat était couvert, et dont il effaçait les traces.

— D'abord, mettons le butin dans nos poches; — dit Angelo, et tenant sa pipe entre ses dents, il se baisse afin de dénouer le mouchoir d'où il tire plusieurs couverts d'argent, une timbale de pareil métal, et une vingtaine de rouleaux de pièces de cinq francs, soigneusement enveloppées de papier; puis après avoir placé une partie de cette somme et de l'argenterie dans les poches de son pantalon et de son paletot, il dit à la comtesse :

— Prends le reste... et en route !.. dépêchons-nous.

Madame de Villetaneuse hésite à se charger de ces dépouilles, elle n'a pas reculé devant la pensée d'un vol... la pensée d'un assassinat l'épouvante.

— Ah çà !.. dis donc ? — reprend le forçat en examinant de plus près la comtesse, — on croirait que tu trembles?

— Cette femme... — répond Aurélie en balbutiant, — cette femme?...

— Quelle femme ?

— La servante qui gardait cette maison?.. Angelo... et puis... ce couteau... que tu m'as envoyé acheter...

— Hé bien, quoi? avec le couteau j'ai tué la femme... Elle pouvait jaser.

— Mon Dieu... un meurtre !

— Est-ce que tu vas me faire de la morale... par hasard ? — s'écrie le forçat d'un ton farouche et menaçant, — mets vite cet argent dans tes poches, et filons! il est tard!

La comtesse sent ses genoux vaciller, incapable de faire un pas, elle reste immobile, muette, atterrée.

— Voilà comme tu me reçois? — reprend le forçat avec un sourire sinistre, — j'apporte de quoi nous habiller à neuf, et passer la vie douce pendant un mois ou deux, et pas seulement un mot de remerciment?

— C'est... c'est... que tu ne m'avais pas dit...

— Quoi?..

— Que... que... la... femme serait...

Elle n'achève pas, et dans sa terreur, ses dents s'entrechoquent malgré elle.

— En route !.. tiens !.. tu me fais suer !..
— dit Angelo en haussant les épaules; puis il ramasse son lourd bâton, prend la comtesse par le bras, et l'entraînant ou la soutenant tour à tour, il l'oblige de marcher à ses côtés, gardant comme elle un sombre silence.

La neige ne tombe plus, mais en s'amoncelant sur le sol, elle l'a rendu inégal et glissant. Aurélie, presque défaillante de terreur, trébuche à chaque pas; quoique soutenue par le bras robuste d'Angelo. Au bout d'un quart d'heure, remarquant la direction du chemin, elle s'écrie avec effroi :

— Mais nous reprenons la route de Paris...

— Parbleu !..

— Et... si... l'on découvre que... la femme...

— On est mieux caché à Paris que partout ailleurs. Nous allons retourner à la petite Pologne, chez la mère Bancal, ta matronne; nous y ferons les morts pendant quelques jours afin de ne pas éveiller les soupçons... et ensuite... en avant les pièces de cent sous... Quand tu seras requinquée d'une robe de soie et d'un joli chapeau, achetés au Temple, tu seras belle et pimpante comme autrefois... Allons... viens... mort Dieu! ne tremble pas ainsi...

— J'ai froid !..

— Tâche donc de te soutenir...

— La neige est si glissante !..

— Hein !.. comtesse? il est loin de nous ce temps où nous voyagions avec le duc, en voiture à six chevaux de poste, avec un courrier en avant ! Nous descendions aux meilleurs hôtels ; le duc nous introduisait dans les salons les plus aristocratiques... tu y brillais par tes délicieuses toilettes... Ah! le beau voyage d'Italie !.. Promenades en gondole à Venise, par le clair de lune... courses en bateaux dans la baie de Naples, au soleil couchant... Et Florence, la fleurie... et les merveilles de Rome... Au diable ces souvenirs! — ajouta le forçat, après un moment de silence, — pourquoi me viennent-ils à cette heure?...

— Angelo... mes forces sont à bout... Je ne peux... faire un pas de plus.

— Femmelette !

— Je suis épuisée...

— Encore un effort... quand tu ne pourras plus marcher, je te porterai sur mon dos, comme on porte les enfants... Nous voici bientôt arrivés à Neuilly...

— A Neuilly ?

— Oui... qu'y a-t-il d'étonnant à cela ?

— Rien... seulement, je me rappelle que lorsque j'étais en pension, j'allais avec ma famille passer les vacances à Neuilly, chez un ami de mon père...

— En ta qualité de pensionnaire actuelle de la mère Bancal, tu choisis drôlement le moment pour songer aux jours de ton innocence, ma chère !..

— C'est vrai... je ne sais comment je songe à cela maintenant... Il me semble que je n'ai plus la tête à moi... c'est sans doute l'effet du froid... de la fatigue. Tiens... Angelo... laisse-moi mourir ici, — dit madame de Villetaneuse en tombant sur la neige et s'adossant à l'un des arbres de la route. — Prends tout l'argent... rentre seul à Paris...

— Ah triple lâche ! — s'écria le forçat, menaçant du poing la comtesse. — Je devine la cause de tes simagrées... tu as peur!!!

— De quoi... ai-je peur ?

— De rentrer à Paris avec moi après le coup de cette nuit... prends garde, si tu ne marche pas, je te crosse à coup de pieds jusqu'à la barrière.

— Tu m'as si souvent battue, que ta menace ne m'effraye pas, je suis faite à tes mauvais traitements... c'est mon sort...

— Il est encore trop beau pour toi, ton sort... triple lâche!

— Je ne suis pas lâche... Je me suis déclarée ta complice dans l'affaire des bank-notes : je pouvais tout nier...

— Il s'agissait d'un faux, et aujourd'hui il s'agit pour toi de complicité dans un assassinat... tu as peur...

— Écoute, Angelo... cet endroit est désert, nous sommes seuls .. j'ai le secret de ce meurtre... tue-moi d'un coup de couteau... je ne pousserai pas un cri... Est-ce de la lâcheté, cela ?

— Je ne te tuerai pas, et mon secret sera gardé... Je te connais, tu es lâche, mais incapable de me trahir ; ce n'est pas ta mort qu'il me faut, c'est ta vie... Oui, il me faut une *femme* à moi!! entends-tu... comtesse! une femme obéissante et dévouée, comme le chien fidèle à son maître, une femme qui m'aide dans mes vols, et veille au guet si je trouve prudent de me débarrasser d'un témoin dangereux ; tu es ou tu seras cette femme-là... je te garde... Tes derniers scrupules s'évanouiront comme se sont évanouis les autres...

— Angelo... écoute-moi...

— Réponds ? Ne me disais-tu pas : « Jamais je ne tromperai le duc... ce serait infâme... » L'as-tu trompé ?

— Oui.

— Ne m'as-tu pas dit à Bordeaux : « Jamais je ne t'aiderai dans tes escroqueries au jeu... ce serait infâme... » M'as-tu aidé ?

— Oui... mais...

— Enfin, ne m'as-tu pas dit avec épouvante : « Moi émettre de fausses bank-notes... jamais... » Et lorsque l'on en a saisi un paquet sur toi, dans la maison des Batignolles, n'as-tu pas avoué crânement ta complicité ?

— C'est vrai... mais ce n'est pas ma faute à moi, si le meurtre... m'épouvante...

— Tu t'habitueras au meurtre, comme à autre chose, il n'y a que le premier pas qui coûte... Je te connais, voilà pourquoi je tiens à te garder... Et puis, enfin, veux-tu que je te le dise ? — ajouta le forçat avec une expression de passion sauvage, — je te trouve encore belle, moi !... toujours belle...

— Tais-toi, ne me dis pas cela !.. en ce moment... tu me ferais perdre le peu de raison qui me reste, pour résister à tes paroles de sang...

— Non, ni tes trente ans, ni la prison ne t'ont pas changée à mes yeux ! — poursuivit le forçat d'une voix vibrante en couvant de son regard magnétique et ardent cette malheureuse qu'il fascinait comme le serpent fascine l'oiseau. — Je te le répète, tu es toujours la même à mes yeux, c'est bizarre, mais la puissance de mes souvenirs est si vivace, que je vois toujours en toi l'adorable et éblouissante comtesse d'Arcueil de la villa Farnèse, cette vision me poursuivait au bagne durant mes nuits d'insomnie, ta présence me rappelle, me rappellera toujours, le seul amour et le plus beau temps de ma vie...

— Quand je t'entends parler ainsi, Angelo... je ne me connais plus, je ne m'appartiens plus...

— C'est à moi que tu appartiens, et si tu n'étais pas désormais ce que tu dois être, l'esclave aveugle de ma volonté... tiens... je ne te battrais pas... je ne te tuerais pas... je t'abandonnerais.

— Tu ne ferais pas cela...

— Cela me coûtera... mais je le ferai si tu m'y obliges.

— Angelo... tu n'abandonneras pas une femme qui, pour toi, s'est perdue... à tout jamais perdue !... Je pouvais compter sur l'indulgence et l'affection de ma famille... J'ai renoncé à cette dernière espérance pour te suivre à Bordeaux... Plus tard, ma sœur m'a offert de faciliter ma fuite de la prison... J'ai repoussé la chance d'échapper à un jugement infamant, et j'ai voulu partager ton sort... Enfin, à ma sortie de prison, mes parents m'ont encore offert leur appui,... j'ai refusé,... et j'ai été t'attendre... tu sais où... Angelo ? tu ne m'abandonneras pas... Je n'ai que toi au monde, dans la fange où je vis...

— Alors, sois la femme qu'il me faut ! et je te garde... c'est mon plus vif désir... Je te l'ai dit ; sinon, je t'abandonne, et en ce cas, mon choix est fait.

— Quel choix...?

— Celui d'une autre femme.

— De qui veux-tu parler ? — murmure madame de Villetaneuse d'une voix sourde ; et, de demi-couchée qu'elle était au pied de l'arbre, elle se redresse lentement sur son séant, lance au forçat un regard de jalousie féroce, et répète d'un ton menaçant : — De qui veux-tu parler?

— D'une de tes anciennes connaissances...

— Qui cela ?...

— Une petite femme pour qui tu avais autant de haine qu'elle en avait pour toi.

— Son nom... son nom ?...

— La Bayeul.

— Tu dis ?.. — s'écrie la comtesse, frappée de stupeur et pouvant à peine croire à ce qu'elle entendait. — Tu dis... que cette femme...

— ... Est la Bayeul. Il y a deux jours, je l'ai rencontrée.

— Elle ?... Mon Dieu !... encore elle !

— Je l'ai trouvée dans l'un des cabarets souterrains de la Petite-Pologne, où elle est nouvelle venue. On l'appelle *la Rousse*, elle est de chûte en chûte tombée là... comme tant d'autres... mais elle n'est pas lâche... Elle ne reculerait pas devant le couteau! C'est une forcenée, toujours entre deux eaux-de-vie. Elle est ma foi bien conservée, du reste ! son minois est toujours agaçant, elle porte des bonnets à la folle; hardie comme une lionne, elle est la terreur des autres femmes du cabaret. Il fallait voir ses yeux étinceler, quand je lui ai dit que nous nous aimions toujours; elle a grincé des dents, elle voulait aller te trouver chez la mère Bancal pour te dévisager. Elle te hait à la mort; elle n'a pas oublié cette soirée où, après lui avoir promis de l'emmener à Bordeaux, je l'ai plantée là, pour t'enlever à ton Badinier, qui t'amenait chez Clara... Réfléchis donc, c'est oui ou non ! si tu ne veux pas être la femme crâne qu'il me faut... je prends la Bayeul.

La comtesse avait laissé parler le forçat sans l'interrompre.

— Est-ce un rêve ? — se disait-elle, frappée d'une terreur involontaire. — Par quelle fatalité cette infernale créature se rencontre-t-elle donc toujours sur mon chemin ?... depuis le jour où, jeune fille, j'ai vu Henri de Villetaneuse pour la première fois, et où cette femme se déclarait déjà ma rivale... miséricorde ! elle me poursuit jusque dans mon amour pour Angelo qui sort du bagne... Oh! cela m'épouvante.

— Tu m'as entendu, — reprit brusquement le forçat. — Décide-toi. Deux heures du matin sonnent à l'église de Neuilly, veux-tu me suivre, encore une fois c'est oui ou non ?... Si c'est non, reste là... la Bayeul sera ma femme.

— Viens,... marchons ! — répondit madame de Villetaneuse se levant; en proie à une effrayante exaltation, elle serra le bras d'Angelo avec une force convulsive, et ajouta : — Viens... viens... la Bayeul ne me portera pas ce dernier coup... non !... quand je devrais monter avec toi sur l'échafaud... Entends-tu, Angelo ?...

Le forçat et sa complice arrivèrent bientôt à Paris, et se dirigèrent vers ces lieux sinistres appelés la *Petite-Pologne*.

II

Le lendemain du jour où Angelo Grimaldi avait assassiné une femme, afin de la voler, Fortuné Sauval était de garde au poste du palais de l'Elysée-Bourbon ; le célèbre artiste, peu ambitieux des honneurs civiques, avait plusieurs fois refusé d'être nommé capitaine de la compagnie de garde nationale à laquelle il appartenait, acceptant seulement le modeste grade de caporal, afin de s'épargner les ennuis de la faction.

Il était environ dix heures du soir.

L'orfèvre étendu sur l'un des matelas du lit de camp, et à demi enveloppé dans son manteau, cherchait le sommeil, regrettant quelque peu, malgré son exactitude à remplir ses devoirs de citoyen sa soirée passée selon son habitude, dans la douce intimité de sa famille avec Marianne et sa fille, M. et madame Roussel, Catherine, son fils et sa femme, car depuis cinq ans, Michel était l'heureux époux de Camille, et le père Laurencin, selon ses prévisions se voyait bisaïeul.

Fortuné Sauval cherchait donc le sommeil, afin d'échapper à de tristes souvenirs, éveillés dans son esprit par le commencement de l'entretien suivant que plusieurs gardes nationaux rassemblés autour du poêle continuaient ainsi :

—Il est encore, ma foi, fort bel homme!

— Il doit avoir dépassé la cinquantaine, je l'ai vu ce soir monter dans l'une des voitures du roi, afin de se rendre, sans doute, au bal de la cour, il était en grand uniforme, et bardé de décorations et de cordons.

— Sa femme est beaucoup plus jeune que lui, mais elle n'est fichtre pas jolie !

— Peste ! tant s'en faut ! une longue figure maigre avec des cheveux de filasse.

— Et l'air très rechigné, mais elle était étincelante de diamants.

— On dit que c'est une princesse de la maison d'Autriche?

— Je n'en fais parbleu pas mon compliment à la maison d'Autriche!

— Pardon, messieurs, j'arrive de faction, de qui parlez-vous donc?

— Du prince *Charles Maximilien,* qui habite temporairement l'Elysée.

— Oh! oh! il paraît qu'il a été un gaillard dans son temps.

— Charles Maximilien?

— Certes, et un gaillard des plus gaillards... Je sais de lui un trait qui ferait honneur à don Juan.

— Ah bah!

— Contez-nous cela.

— Très volontiers, messieurs. Je dois, en manière de précaution oratoire, vous avouer d'abord qu'à la fleur de mon âge, j'adorais les tables-d'hôtes.

— Hé!.. hé!.. l'on y rencontre parfois de très jolies femmes.

— Ce sont toujours plus ou moins des coupe-gorges.

— J'en conviens, messieurs, mais les femmes qui les hantent, ont des principes généralement très décolletés, or, quand on est tout jeune homme... vous comprenez?

— Sans doute... on n'aime pas les bégueules.

— Ah çà, et le prince Charles Maximilien ? Voyons son aventure de don Juan.

— J'y arrive, messieurs, or donc, il y a quelques années de cela, je fréquentais une table d'hôte de la rue de la Michodière, tenue par une certaine madame de Sablonville.

— Oh! oh! madame DE Sablonville, ça devait être du huppé?

— C'était un faux nom, cette honnête matrone, appelée Clara, avait été autrefois femme de chambre de grande maison; or, savez-vous, messieurs, qui lui avait fourni les fonds nécessaires à l'établissement de sa table d'hôte?

— Qui donc?

— Le prince Charles Maximilien.

—Allons donc, un prince souverain, commanditer un tripot?

— Vous vous méprenez, messieurs, le prince récompensait, par cette libéralité, les services que ladite Clara lui avait rendus, lors de l'aventure en question.

— Ah! fort bien!

— Mais Clara était étrangère, affirmait-elle, à ce qu'il y avait de plus hardi dans l'aventure susdite, car c'est de cette femme, messieurs, que je tiens les détails que je vais vous raconter; Charles Maximilien, en ce temps-là, était amoureux fou de la maîtresse de Clara, alors femme de chambre d'une jeune comtesse, belle, disait-on, à éblouir; forcé de repartir pour l'Allemagne, mon scélérat de prince trouve moyen de faire accepter comme domestique, dans la maison de la comtesse, un homme à lui dévoué, qui, au bout de quelque temps lui apprend que le mari de la belle dame est infidèle.

— Hé!.. hé!.. ça c'est vu, un mari infidèle.

— Ça se voit!

— Ça se verra toujours!

— Vos remarques matrimoniales sont, messieurs, des plus judicieuses, Charles-

Maximilien apprenant que le mari de la comtesse est infidèle, accourt en France, croyant l'occasion excellente pour offrir les douceurs de la vengeance à l'épouse délaissée, il apprend qu'elle donne un bal, alors, qu'imagine mon Don Juan? Afin de se donner un rôle de sauveur, capable de tourner la tête de la comtesse! Il fait mettre tout simplement par l'homme qui lui était dévoué, le feu à une galerie de charpente, construite pour le bal, de sorte qu'au milieu du tumulte de l'incendie, le prince se procure l'agrément d'arracher sa belle aux flammes dévorantes, et de mériter ainsi l'amoureuse reconnaissance de cette charmante femme...

— Diable! c'est un peu vif.

— Le tour est, parbleu! piquant.

— Je trouve, moi, le tour infâme! —s'écria le docteur Pascal, l'un des plus célèbres chirurgiens de Paris, et capitaine de la compagnie, alors de garde à l'Elysée:

— Quoi! risquer d'incendier un quartier, pour satisfaire un caprice! Encore une fois, c'est infâme! c'est horrible!

— Ce sont là jeux de prince...

— Et pourtant, l'on envoie aux galères comme incendiaire, un pauvre diable qui, ayant fait assurer sa hutte, y mit le feu afin de toucher le prix de l'assurance ! — reprit le docteur Pascal ; — je maintiens que Charles-Maximilien, tout prince souverain qu'il est, mérite le bagne, pour ce beau trait à la Don Juan!

— Vous sentez bien, mon cher capitaine, que je raconte le fait sans l'approuver, mais ce n'est pas tout...

— Comment! ce prince a fait pis encore?

— Il ne s'agit plus de lui, mais de la comtesse. Vous souvenez-vous, messieurs, d'un procès relatif à de fausses banknotes, qui a eu lieu il y a cinq ou six ans, je crois?

— Attendez-donc... Il me semble que je me rappelle le fait. Il y avait une femme dans la bande... et même, autant qu'il m'en souvient, une femme d'un certain monde...

— Oui, oui... Et l'un des accusés s'est pendu dans sa prison, si j'ai bonne mémoire ?

— C'est cela même, messieurs ; hé bien! savez-vous quelle était cette femme, complice des faussaires ?

— Non.

— Qui donc était-ce ?

— La comtesse...

— Est-il possible... cette jeune femme qui avait été la maîtresse du prince ?

— Elle-même, messieurs... et par surcroît, le pendu était son mari, le comte de... de Villetaneuse, je crois.

— Etrange et lugubre histoire !

— Mais, êtes-vous sûr, monsieur, que vos souvenirs ne vous trompent pas ? que vous ne faites point une confusion de personnes ?

— Nullement, messieurs, car, ainsi que je vous le disais, je fréquentais alors la table d'hôte de Clara ; et, curieux revirement des choses d'ici-bas, peu de jours avant l'arrestation de la comtesse et des faussaires ses complices, elle avait assisté à une soirée chez Clara.

— Quoi ! chez son ancienne femme de chambre ?..

— Oui, messieurs ; mais la comtesse ignorait que madame de Sablonville fut cette même Clara. Il s'est passé ce soir-là, m'a-t-on dit, (je n'assistais pas à cette réunion) une scène à la fois violente et comique, entre un épicier retiré qui entretenait alors la comtesse, et un *grec* son amant, qui faisant plus tard partie de la bande des faussaires, a été condamné comme eux.

— Quel abîme d'ignominie ! Une femme bien née, titrée ! tomber dans une pareille dégradation.

— C'est ignoble.

— Elle ne mérite aucune pitié.

— Complice de faux monnayeurs !

— Se faire entretenir par un épicier, et avoir un escroc pour amant !

— Ah ! — s'écria le docteur Pascal avec dégoût ; cette malheureuse était déjà pervertie dans le ventre de sa mère !...

— Non... à dix-huit ans, elle était la plus pure, la plus noble des créatures !

Dit soudain une voix si profondément émue, qu'un grand silence se fit.

Tous les regards se tournèrent vers un coin obscur du corps de garde, où s'était jusqu'alors tenu couché sur le lit de camp, et enveloppé dans son manteau, Fortuné Sauval. Il voulait, du moins, défendre les innocentes années de la chaste et charmante jeune fille qu'il avait tant aimée ; son émotion, l'altération de ses traits, lorsqu'il se leva debout, à demi drapé dans son manteau ; l'estime, l'affection dont on l'entourait généralement, l'admiration qu'inspirait son génie, augmentaient l'intérêt et la curiosité éveillées par ses paroles ; cet intérêt redoubla lorsque faisant quelques pas vers le groupe de gardes nationaux réunis autour du poêle, Fortuné ajouta :

— Oui, messieurs, la femme dont vous parlez était, à dix-huit ans, la plus pure, la plus noble, la plus belle des créatures... Jamais jeune fille ne fut mieux douée par la nature ; la bonté du cœur, la délicatesse des sentiments, le charme de l'esprit, rehaussaient sa beauté enchanteresse ; élevée dans l'amour du bien, par des parents honorables et honorés, enrichis par le travail, cités par leur probité... Telle était, à dix-huit ans, mademoiselle Aurélie Jouffroy... fille du frère de ma mère... messieurs...,

Il est impossible d'exprimer avec quel accent de dignité navrante, Fortuné prononça ces dernières paroles... qui révélaient ses liens de parenté avec madame de Villetaneuse ; une pénible impression pesa sur la réunion, et le narrateur, s'adressant à Fortuné, d'un ton profondément pénétré, lui dit :

— Ah ! monsieur Sauval, soyez-en certain, si j'avais pu soupçonner que vous fussiez parent de la personne dont il est question, je ne me serais jamais permis de raconter à ces messieurs cette triste anecdote, je vous supplie d'agréer mes excuses.

— Vous savez, monsieur Sauval, l'estime et l'affection que nous vous portons tous, — reprit le docteur Pascal, capitaine, commandant le poste — Je crois être l'organe de nos camarades, en vous exprimant en leur nom et au mien, la sympathie que vous nous inspirez, en vous témoignant enfin nos regrets de ce qui vient de se passer ; en outre, je vous demande, quant à moi, personnellement, pardon des termes peu mesurés, dont je me suis servi à l'égard d'une personne que je ne pouvais juger que d'après le récit de notre camarade...

Un murmure approbatif confirma que les sentiments énoncés par le docteur Pascal, répondaient au sentiment général, et Fortuné dit au capitaine :

— Je suis touché, monsieur, de l'intérêt que vous me témoignez, au nom de nos camarades ; mais, je l'avoue, en entendant accuser de perversité précoce la malheureuse femme dont on parlait tout à l'heure, il m'a été impossible de ne pas défendre ce qui a été, chez elle, irréprochable ; sa vie de jeune fille, et les premiers temps de son mariage !... Hélas ! plus tard trompée, ruinée par un époux indigne, entourée des agents subalternes d'une habile et odieuse séduction, qui, on vous l'a raconté tout à l'heure (et j'ignorais ce fait horrible), ne reculait pas même devant le crime d'incendie, Madame de Villetaneuse a failli à ses devoirs... De ce jour, elle fut perdue. En vain, sa famille, moi, et surtout ma femme, sœur de madame de Villetaneuse, nous avons à toutes les époques de sa vie coupable fait nos efforts pour la détourner, pour la retirer de la voie funeste où elle s'engageait ; ces efforts ont été vains : la fatalité la poussait, elle devait tomber de chûte en chûte jusqu'au dernier degré de l'opprobre... un époux infâme, un séducteur audacieux, ont été les principaux fauteurs de la dégradation successive de cette jeune femme... et il y a dix ans... en Allemagne, je disais à un aide-de-camp de Charles Maximilien : — « Votre prince « aura un jour à répondre devant Dieu, « d'une âme qu'il a perdue ! »

Monsieur Sauval, — reprit le docteur Pascal, — avant de connaître les détails que vous venez de nous donner, je m'étais déjà prononcé à l'égard du prince Charles Maximilien, en le traitant de misérable, je maintiens plus que jamais mon jugement, car je ressens une commisération profonde pour la malheureuse jeune femme dont il a causé la perte.

— Et cette commisération est méritée, — reprirent plusieurs voix, — tout dépend du premier pas que l'on fait dans la vie.

— Ruinée, trompée par son mari, entourée de séductions, cette jeune femme devait succomber !

— Ceux qui l'ont perdue sont aussi coupables qu'elle...

Au moment où se manifestait ce revirement des esprits, favorable à la comtesse de Villetaneuse, un homme nue tête, et portant le tablier classique des marchands de vin, entra précipitamment dans le poste en s'écriant d'un air effaré :

— Ah ! messieurs ! venez vite, on s'égorge, on se massacre chez la mère Bancal...

— Qu'est-ce que la mère Bancal ? — dit le capitaine commandant le poste : — Qui êtes-vous ?

— Je suis marchand de vin, et voisin de la maison de tolérance que tient la mère Bancal, dans la *Petite-Pologne*... ses femmes s'y carnagent à coups de couteaux... venez vite, messieurs, pour l'amour de Dieu, venez vite ! il est peut-être arrivé de grands malheurs au moment où je vous parle !

— La chose paraît grave, — dit le docteur Pascal, — messieurs, que le caporal inscrit pour marcher, se rende au plus tôt, avec quatre hommes, dans le bouge que l'on nous signale, s'il y a malheureusement des blessés, conduisez-les ici, je leur donnerai les premiers soins... je vais tout préparer pour le pansement; je demeure à deux pas d'ici... l'un des tambours va courir chez moi chercher ce qui m'est nécessaire...

— C'est à moi de marcher, capitaine, — dit Fortuné, en allant prendre son fusil au ratelier, — je suis prêt... allons, messieurs.

— Monsieur Sauval, voulez-vous que je vous épargne cette corvée? — dit courtoisement à Fortuné, un autre caporal de la compagnie, — je viens de faire une patrouille, mais je serais heureux de vous rendre un petit service.

— Mille remerciments de votre obligeance, il fait un temps affreux, la corvée est doublement pénible, je ne dois pas exposer un autre que moi à ces désagréments, — répondit l'orfèvre; et, s'adressant aux quatre gardes nationaux qui venaient de prendre leurs armes.

— Allons, messieurs, et au pas de course, afin d'arriver assez tôt pour prévenir de nouveaux malheurs.

Fortuné Sauval, et ses quatre hommes, conduits par le marchand de vin, se rendirent en toute hâte à la *Petite-Pologne*, peu distante du palais de l'Elysée-Bourbon.

III.

Fortuné Sauval et son escorte arrivèrent au bout de dix minutes à la Petite-Pologne, espèce de Cour-des-Miracles, entourée de maisons sombres et délabrées. La neige tombait à gros flocons, la nuit était obscure, les gardes nationaux, après une course précipitée, traversèrent une petite place, encombrée d'une foule déguenillée, qu'une sinistre curiosité ameutait devant une maison élevée d'un étage, maison noirâtre, dégradée, sordide, et dont les persiennes toujours soigneusement fermées par ordre de la police au nom du respect des mœurs publiques, laissaient échapper quelques pâles rayons de lumière : la porte de ce bouge était intérieurement fermée, Fortuné Sauval y frappa vivement, en s'écriant :

— Ouvrez... ouvrez... c'est la garde...

La porte s'ouvrit, l'un des gardes nationaux resta au dehors, afin de s'opposer à une irruption de curieux, et Fortuné, accompagné des trois autres gardes, entra dans une salle basse, au plancher boueux, à peine éclairée par une lampe fumeuse ; les soldats citoyens furent reçus par la maîtresse de ce repaire, surnommée la *mère Bancal*, femme d'une figure ignoble, et qui, tremblante, les traits bouleversés, s'écria, d'un ton lamentable, en s'adressant à Fortuné, les mains jointes :

— Ah monsieur ! quel malheur ! on voudra fermer ma maison... Et pourtant il n'y a pas de ma faute !

— Que s'est-il passé, — dit Fortuné, dont le cœur se soulevait de dégoût. — Ne mentez pas ?

— Aussi vrai qu'il n'y a qu'un Dieu au ciel, monsieur, voilà ce qui est arrivé : mes femmes étaient là-haut ; il y a une demi-heure, je vois entrer une fille, qu'on appelle *la Rousse*, elle me demande à parler tout de suite à l'une de mes femmes appelée *la Comtesse*... Je lui dis de monter au premier, sans me défier de rien, quoique *la Rousse* m'ait paru tres allumée, mais je sais qu'elle boit, et qu'elle est toujours entre deux eaux-de-vie! *la Rousse* arrivée dans la chambre où étaient mes femmes, commence à agoniser *la Comtesse*, elles s'embecquent, sautent l'une sur l'autre, et dans la lutte, *la Rousse* qui avait caché un couteau-poignard dans sa poche, en donne un grand coup dans l'estomac de *la Comtesse*... Elle est tombée du coup... moi et mes femmes, nous avons terrassé *la Rousse*, nous l'avons attachée avec un drap et enfermée dans une chambre, où elle est... Et puis, nous avons mis, comme nous avons pu, un bandage avec de l'amadou, pour arrêter le sang de la plaie de *la Comtesse*. Mais elle en a tant perdu, de sang, qu'elle est comme morte, et couchée là-haut sur un lit. Voilà, mon caporal, la pure vérité! C'est *la Rousse* qui est cause de tout; mon seul tort est de l'avoir laissé monter là-haut... mais je ne pouvais pas croire qu'elle voulait assassiner *la Comtesse*... Ça n'empêche pas qu'on va vouloir fermer ma maison... C'est ma ruine, et je suis mère de famille!

Fortuné avait écouté l'ignoble vieille, sans l'interrompre, apitoyé sur le sort de la victime qu'il ne croyait pas connaître, et qui, par un triste hasard, portait le surnom de *la Comtesse*, titre nobiliaire de madame de Villetaneuse, de qui l'orfèvre venait de s'entretenir quelques moments auparavant au corps-de-garde de l'Élysée-Bourbon. S'adressant alors à ses camarades :

— Nous devons, ce me semble, arrêter la coupable de ce meurtre, et faire transporter au poste la blessée, le docteur Pascal lui donnera les premiers soins; on la conduira ensuite à l'hospice Beaujon.

— C'est, en effet, ce que nous avons de mieux à faire, monsieur Sauval, — répondit l'un des gardes nationaux, et se tournant vers la vieille :

— Où est la femme qui a frappé la victime?

— Elle est là-haut, monsieur.

— Montons, — dit Fortuné. — Éclairez-nous ?

La mère Bancal prit la lampe, et arrivée au premier étage, elle ouvrit une porte en disant :

— Messieurs, il faut traverser la chambre où est *la Comtesse*, pour arriver à l'endroit où nous avons enfermé *la Rousse*.

Fortuné Sauval et les trois autres gardes nationaux, entrèrent sur les pas de la vieille, dans une pièce meublée pauvrement, d'un aspect sordide, répugnant comme celui de la maison ; trois femmes assez jeunes, aux vêtements dépenaillés, aux traits flétris par la débauche, regardaient avec compassion leur compagne blessée, déposée sur un grabat vermoulu et boiteux, dont les sales draps étaient largement tachés de sang ; l'une de ces créatures tenait à la main une chandelle, dont la lueur jaunâtre, dissipait à peine l'obscurité de ce lieu sinistre, toutes trois s'éloignèrent du lit lors de l'arrivée de la vieille et de Fortuné... Soudain, celui-ci jette un cri déchirant, il venait de reconnaître dans la victime... madame de Villetaneuse !

La Comtesse... elle avait voulu être comtesse... elle gardait ce titre jusqu'à la fin !.. La comtesse, affaiblie par la perte de son sang, s'était évanouie... Sa tête, belle encore, mais flétrie, décolorée, livide, était tournée vers la muraille, et reposait sur un traversin bourré de paille, dont les fétus pointaient çà et là, par plusieurs déchirures de son enveloppe en toile à matelas; les longs cheveux bruns d'Aurélie, dénoués durant la lutte contre madame Bayeul, lutte terminée par un assassinat, ondulaient épars sur ses épaules, sur son sein nu, à demi-caché par une sorte de brassière ensanglantée, premier appareil placé sur sa blessure... l'un de ses bras, d'une blancheur d'ivoire comme sa poitrine, pendait exangue, inerte en dehors du grabat, effleurant le plancher fangeux... une grosse couverture de laine brune, recouvrait le corps inanimé de la comtesse...

Fortuné, après un premier cri de stupeur et d'épouvante s'était jeté à genoux au chevet du lit de la mourante, en murmurant au milieu de ses sanglots étouffés :

— Aurélie ! Aurélie !..

Et se retournant effrayant de désespoir et d'horreur :

— Voilà ma cousine... messieurs ! Voilà madame de Villetaneuse dont Charles Maximilien a causé la perte !..

L'indignation et la pitié se peignirent sur les traits des gardes nationaux consternés.

— Monsieur Sauval, — dit l'un d'eux après un moment de silence, — nous vous en conjurons, ne restez pas ici !.. Ce spectacle est affreux pour vous... il est au-dessus de vos forces... venez ! venez !

— Mais elle se meurt ! mais elle va mourir ! — répondit Fortuné presque égaré, — mais sa main est déjà froide !..

Et il couvrait de ses larmes, cette main glacée, qu'il serrait entre les siennes, en sanglottant.

— Ne perdez pas espoir, monsieur Sauval, — reprit le garde, — le docteur Pascal a tout préparé, vous le savez, pour un pansement. Transportons en hâte cette pauvre dame au poste ; l'on pourra peut-être encore la sauver... mais il n'y a pas une minute à perdre.

Fortuné, dans le paroxisme de sa douleur, n'écoutait rien, n'entendait rien ; l'un des gardes dit tristement à ses camarades :

— Le malheureux M. Sauval est incacapable d'une résolution dans un pareil moment... agissons pour lui. — Et s'adressant à la vieille :

— Procurez-vous à l'instant deux planches sur lesquelles on étendra ce matelas, cela suffira pour transporter la blessée jusqu'au poste...

— Le fond du lit est en planches, — répondit la mère Bancal, — on n'a qu'à les prendre. Ah! monsieur, je donnerais de bon cœur tous mes meubles pour que ce malheur ne soit pas arrivé ici, je suis mère de famille! je serai ruinée! on va fermer ma maison!

— Où est la femme coupable de ce meurtre ?

— *La Rousse ?..* Elle est là dans cette chambre...bien attachée.

— Nous allons l'emmener ; mais qui se chargera de transporter cette dame jusqu'au corps de garde de l'Elysée ?

— Nous, nous, monsieur : nous serons bien assez fortes pour la porter, cette pauvre *comtesse !* c'est bien le moins que nous lui rendions ce dernier service, — s'écrièrent les trois pensionnaires de la mère Bancal.

. . . .

Bientôt un lugubre cortège traversa la petite Pologne.

Deux des compagnes de la comtesse portaient le brancard improvisé où on l'avait étendue, toujours privée de sentiment. La forme de son corps se dessinait vaguement sous les plis du drap ensanglanté.

Fortuné Sauval, marchait à côté de ce brancard, la tête penchée sur sa poitrine, le visage baigné de larmes.

Madame Bayeul venait ensuite placée entre les gardes nationaux, pâle, mais triomphante d'une joie féroce, marchant d'un pas ferme ; et par l'audace de son maintien, par l'ignoble cynisme de ses paroles, révoltait son escorte.

— Je ne l'ai pas manquée, la belle comtesse ! — s'écriait cette furie. — Autrefois elle m'a humiliée, je lui ai enlevé son mari ! Angelo m'a quittée pour elle, je l'ai tuée ! On me guillotinera, je m'en **** la vie que je menais n'est pas si regrettable... je n'ai pas peur de la mort, moi !

Le funèbre cortège sortait de la Petite-Pologne, suivi d'un grand concours de curieux, lorsqu'il rencontra un piquet de gendarmerie, accompagné d'agents de police et d'un magistrat, ils allaient explorer la nouvelle Cour des Miracles, — dit le magistrat à l'un des gardes nationaux, — afin de rechercher un forçat libéré accusé d'assassinat.

IV

Une partie de la foule des curieux qui, sans avoir pu s'en approcher, suivaient de loin le brancard où était étendue la comtesse, s'empressèrent de le devancer, en se dirigeant en hâte vers le poste de l'Élysée, espérant ainsi être convenablement placés pour entrevoir la victime.

Il était au plus onze heures du soir; les passants, encore assez nombreux, s'arrêtèrent, se mêlèrent à ces premiers groupes, apprirent que l'on transportait au poste une femme assassinée, et que l'on amenait aussi l'auteur de l'attentat; des attroupements se formèrent, se grossirent à chaque instant ; bientôt les abords du corps-de-garde, et du palais de l'Élysée-Bourbon, furent encombrés d'une multitude compacte, devant laquelle plusieurs voitures durent ralentir leur marche et s'arrêter.

Un piqueur en livrée rouge, galonnée d'argent sur toutes les tailles, et portant, selon le cérémonial ordinaire, une torche allumée à la main, arriva au grand trot de son cheval parmi ces voitures stationnaires, mit sa monture au pas, s'informa de l'un des cochers de la cause du rassemblement, et s'écria :

— Place, s'il vous plaît, messieurs ; place ! A la voiture de son Altesse, monseigneur le prince Charles Maximilien... qui rentre au palais de l'Elysée.

Presque au même instant, arrivait sur les pas du piqueur, une magnifique berline bleue, au chiffre et à la livrée du Roi des Français, le cocher, vêtu d'un vitzchoura rouge, galonné d'argent et garni d'épaisses fourrures ; les deux valets de pied en grande livrée, montés derrière la voiture, tenaient chacun d'une main, comme le piqueur, une torche allumée, dont la clarté jetait des reflets embrasés, autour de la berline, où se trouvait Charles Maximilien et sa femme Wilhelmine d'Autriche, le prince, en uniforme blanc brodé d'or, rehaussé de cordons et constellé de plaques de différents ordres, la princesse en grand habit de cour, étincelante de diamants. Cette femme, osseuse et sèche, aux cils d'un blond-jaunâtre comme ses cheveux, avait l'air hautain, et semblait de fort méchante humeur. M. de Walter, devenu général et premier aide de camp du prince, était assis en face de lui, sur le devant de la berline.

— Hé bien!.. qu'est-ce? — dit aigrement la princesse! — Pourquoi la voiture s'arrête-t-elle?

Le général mit la tête à la portière, regarda dans la rue, et répondit à la princesse :

— Madame... il y a une grande foule aux abords de l'Elysée.

— Pourquoi le piqueur ne fait-il pas écarter cette foule? — reprit brusquement la princesse, — il est inconcevable que l'on entrave ainsi la circulation d'une voiture du Roi.

— Ma chère amie, — reprit Charles Maximilien, — cette foule est très compacte, il serait imprudent de tenter de la traverser en ce moment, attendons, nous rentrerons au palais quelques minutes plus tard, voilà tout...

— M. de Walter, descendez, et donnez des ordres pour que la voiture avance, — dit la princesse, avec un redoublement de mauvaise humeur, — il est insupportable d'être ainsi arrêté par ce mauvais peuple.

Le général, en courtisan bien appris, s'inclina, ouvrit la portière en dehors, et faute du déploiement du marche-pied, s'élança lestement de l'intérieur de la berline sur le pavé.

— En vérité, ma chère amie, — dit le prince, — vous abusez de la complaisance du général, ce n'est pas à lui de remplir l'office du piqueur...

— Si j'abuse de la complaisance du général, — répliqua la princesse avec amertume, — vous avez, monsieur, cruellement abusé ce soir de ma patience, à moi !..

— Que voulez-vous dire ?

— Ce soir, à cette réception, aux yeux de toute la cour, vous vous êtes, monsieur, indécemment compromis auprès de cette petite lady Fitz-Clarence... j'étais outrée...

— Allons ! — reprit le prince, en haussant les épaules, — encore vos soupçons jaloux !

— Vous prenez à tâche de les justifier, monsieur, j'espérais que l'âge calmerait vos passions, et que les scandales dont la villa Farnèse avait été le honteux théâtre, avant notre mariage, ne se renouvelleraient plus... je crains de m'être trompée.

Ces reproches de la princesse, rappelèrent inopinément à la pensée de Charles Maximilien, le souvenir de la belle comtesse de Villetaneuse, il se sourit à lui-même, avec une satisfaction secrète, en songeant à cette brillante conquête de son âge mûr ; il allait, cependant, essayer d'apaiser les ressentiments de sa femme, lorsqu'il entendit des rumeurs croissantes, s'élever du milieu du rassemblement, et à la clarté rougeâtre des flambeaux que tenaient les valets de pieds montés derrière sa voiture, le prince vit, à quelques pas de distance, la foule massée aux abords du corps-de-garde, refluer devant une sorte de brancard, porté par deux femmes, et recouvert d'un drap ensanglanté, dessinant une forme humaine... près de ce brancard, Fortuné, en habit de garde-national, marchait lentement.

Charles-Maximilien ne reconnut pas l'orfèvre, et fut péniblement impressionné à l'aspect de cette scène, qui passa devant ses yeux comme une vision funèbre, éclairée par la lueur des torches.

Ces lueurs, et l'éclat des livrées, attirèrent l'attention de Fortuné Sauval sur la berline où se trouvait le prince. Il le reconnaît, s'élance, pâle, terrible... et ouvrant brusquement la portière, il saisit convulsivement Charles-Maximilien par le bras, en s'écriant d'une voix menaçante :

— A genoux! monsieur... à genoux!

L'on s'agenouille devant les agonisants...
C'est une de vos victimes qui passe!...

— Insolent! — reprit Charles-Maximilien troublé, abasourdi, ne reconnaissant pas encore l'orfèvre sous son uniforme, et se rejetant dans le fond de la voiture, auprès de la princesse muette de stupeur et d'indignation. — Que voulez-vous? qui êtes-vous?...

— Je suis Fortuné Sauval, monsieur, et la femme que l'on emporte là, sous le drap ensanglanté, mourante d'un coup de couteau... est Aurélie de Villetaneuse... la femme que vous avez séduite!...

— Grand Dieu! — murmura le prince éperdu, épouvanté : — Elle... assassinée... oh!... c'est horrible!

— Venez, monsieur! — répéta l'orfèvre d'une voix frémissante... Et, ne se possédant plus, il attirait violemment le prince, en lui disant : — Venez voir l'agonie de la femme que vous avez perdue!... Venez demander pardon à Dieu et aux hommes, du mal que vous avez fait!

Charles-Maximilien, frappé d'une sorte de vertige, et sous le coup de l'horreur et des remords, s'élança de la voiture, malgré les cris effrayés de la princesse, suivit machinalement Fortuné, traversa en quelques pas, la foule ébahie de cette scène aussi rapide que véhémente, et se précipita dans le corps de garde où le docteur Pascal s'empressait déjà de donner les premiers soins à madame de Villetaneuse, déposée depuis quelques instants sur le lit de camp.

L'action de sels puissants, et une cuillerée d'éther, ranimèrent pour un moment les esprits d'Aurélie expirante elle ouvrait à demi les yeux, lorsque Charles-Maximilien et Fortuné entraient dans le poste, dont la porte fut fermée à l'invasion de la foule.

Le prince se crut le jouet d'un rêve affreux, lorsque, sur ce matelas sordide, au milieu de ce corps de garde, il vit, deminue, mourante, la poitrine trouée d'un coup de couteau. Cette femme autrefois ravissante de beauté, de jeunesse et de grâce, il restait pétrifié, le regard fixe.

Fortuné s'agenouilla près d'Aurélie ; les gardes nationaux, çà et là groupés, restaient dans un morne silence; les trois femmes qui avaient transporté la comtesse pleuraient, et le docteur Pascal, secouant tristement la tête en consultant une dernière fois le pouls de la victime, semblait renoncer à tout espoir de la sauver.

Madame de Villetaneuse reconnut d'abord Fortuné, puis Charles-Maximilien; elle porta ses mains défaillantes à son front, comme si elle se fût éveillée d'un songe, ses yeux creusés, ternis par les approches de la mort, s'ouvrirent de toute leur grandeur... ses lèvres, déjà violacées, s'agitèrent faiblement sans articuler aucun son, puis, grâce à un suprême effort, elle murmura ces mots entrecoupés des fréquentes suffocations de la dernière heure :

— Fortuné... je n'espérais pas mourir auprès de toi... mon ami d'enfance... Pardonne-moi... Prie Marianne... ma tante... et mon père... s'il a retrouvé sa raison... de me... pardonner aussi... je...

La comtesse fut obligée de s'interrompre une minute, elle fit alors un mouvement pour tourner sa tête allanguie vers le prince, qui, debout, le visage caché dans ses mains, sanglotait, mais elle ne put tourner vers lui qu'un regard mourant, et ajouta d'une voix de plus en plus affaiblie, oppressée :

— Maximilien... vous m'avez... cruellement abandonnée... cet abandon... a peut-être... causé ma perte... je... vous... pardonne...

Et sentant sa vue se troubler, le froid du trépas la gagner, elle balbutia :

— Fortuné... ta main... oh !... je...

Ce furent les dernières paroles intelligibles de la comtesse, son cou se raidit, sa tête se renversa en arrière, ses doigts se crispèrent, elle prononça cependant une fois distinctement le nom d'*Angelo*. Puis, suffoquant, elle exhala son âme entre les bras de Fortuné Sauval, qui poussant des plaintes déchirantes, ne pouvait se détacher de ce cadavre.

Le prince, abîmé dans son épouvante, les genoux tremblants, se soutenait à peine, et semblait cloué près du lit funèbre...

Le docteur Pascal s'avança lentement,

appuya sa main sur le bras de l'altesse sérénissime, et lui dit d'une voix basse et grave en lui désignant du geste les trois femmes, compagnes de la comtesse :

— Monsieur... vous voyez ces trois malheureuses, l'abandon, la misère, la faim peut-être, les ont plongées dans la fange la plus hideuse où puisse se traîner une créature de Dieu... Madame de Villetaneuse... était de chûte en chûte tombée dans cette fange... elle était la compagne de ces femmes... c'est dans le bouge où elles vivaient... que madame de Villetaneuse a été assassinée...

— Oh! assez, monsieur! — murmura Charles-Maximilien éperdu. — Assez... par pitié... assez...

— Non! vous entendrez une fois dans votre vie la vérité. Monsieur !.. vous avez employé des moyens infâmes pour séduire madame de Villetaneuse... vous l'avez ensuite lâchement abandonnée... vous êtes l'une des causes les plus fatales de sa perte... vous méritez l'aversion et le mépris des hommes de bien... Sortez, monsieur... sortez... vous nous faites horreur !

L'Altesse sérénissime, écrasée par ces justes et redoutables paroles, prononcées au milieu d'un profond silence, n'osa, ne put d'abord répondre, malgré la fierté de sa race souveraine, cependant il allait balbutier quelques mots de justification, lorsque la porte du corps-de-garde s'ouvrit, et le général Walter entra précipitamment en disant :

— Messieurs, son Altesse n'est pas ici?..
— Et apercevant le prince il s'avança vivement vers lui en ajoutant : — Monseigneur, madame la princesse m'envoie près de vous...

— Oh! venez... Walter... venez ? — s'écria Charles Maximilien en sortant effaré, suivi du général, — il y a une justice au ciel!..

Le corps d'Aurélie de Villetaneuse fut transporté dans la maison de Fortuné Sauval, Marianne ferma pieusement les paupières de sa sœur, et de ses mains l'ensevelit dans son linceul.

Angelo Grimaldi expia sur l'échafaud

son dernier crime, madame Bayeul fut condamnée à une prison perpétuelle.

Monsieur Jouffroy s'éteignit doucement sans avoir recouvré sa raison.

Michel, associé de Fortuné Sauval, devint un grand artiste, comme son patron, et continua de passer d'heureux jours auprès de sa femme et de Catherine, dont il admira de plus en plus l'héroïque réhabilitation ; le père Laurencin vécut très vieux, la tante Prudence ne cessa pas de faire endiabler le cousin Roussel, et de l'entourer des soins les plus dévoués, Marianne et Fortuné partagèrent l'ineffable félicité de leurs amis, et le temps, cet inexorable consolateur, apaisa, effaça peu à peu, les douloureuses impressions qui, après la mort d'Aurélie de Villetataneuse, attristèrent le bonheur de ceux qui lui survivaient.

FIN.

Impr. de E. Dépée, à Sceaux.

A LA MÊME LIBRAIRIE :

UN DRAME EN FAMILLE
PAR LE MARQUIS DE FOUDRAS.
3 vol. in-18. — 10 francs 50.

—

LE BARON LA GAZETTE
PAR A. DE GONDRECOURT.
3 vol. in-18. — 10 francs 50.

—

UN CAPRICE DE GRANDE DAME
PAR LE MARQUIS DE FOUDRAS.
Nouvelle édition revue et augmentée.
3 volumes in-18. — Prix : 10 francs 50 c.

—

SUZANNE D'ESTOUVILLE
PAR LE MARQUIS DE FOUDRAS. — 2 volumes in-18. — 7 francs.

—

MÉMOIRES D'UN MARI
PAR EUGÈNE SUE. — 3 vol. in-18 — 10 fr. 50 c.

—

UN GRAND COMÉDIEN
PAR LE MARQUIS DE FOUDRAS. — 2 vol. in-18. — 7 francs.

—

LA COMTESSE DE CHARNY
PAR ALEXANDRE DUMAS. — 15 vol. in-8.
Suite d'ANGE PITOU et complément des MÉMOIRES D'UN MÉDECIN.
(Cet ouvrage ne paraîtra pas en feuilleton.)

A LA MÊME LIBRAIRIE :

LES ÉTUVISTES
PAR CH. PAUL DE KOCK.
4 vol. in-18. — 14 francs.

LE NEUF DE PIQUE
PAR Mme LA COMTESSE D'ASH.
4 vol. in-18. — 14 francs.

UN
GENTILHOMME DE GRAND CHEMIN
PAR XAVIER DE MONTÉPIN.
3 vol. in-18. — 10 francs 50.

UN
MONSIEUR TRÈS TOURMENTÉ
PAR CH. PAUL DE KOCK.
1 vol. in-18. — 3 francs 50.

LES VALETS DE CŒUR
PAR XAVIER DE MONTÉPIN.
2 vol. in-18. — 7 francs.

MADEMOISELLE DE CARDONNE
PAR A. DE GONDRECOURT.
2 vol. in-18. — 7 francs.

A LA MÊME LIBRAIRIE :

OUVRAGES D'ALEXANDRE DUMAS.

La Comtesse de Charny . . . . 15 vol. in-8.
Mes Mémoires . . . . 18 vol. in-8.
Conscience l'Innocent . . . . 5 vol. in-8.
Olympe de Clèves . . . . 9 vol. in-8.
Un Gilblas en Californie . . . . 2 vol. in-8.
Les Drames de la Mer . . . . 2 vol. in-8.
Le Trou de l'Enfer . . . . 4 vol. in-8.
Dieu Dispose . . . . 6 vol. in-8.
Histoire d'une Colombe . . . . 2 vol. in-8.
Ange Pitou . . . . 8 vol. in-8.
La Régence . . . . 2 vol. in-8.
Louis Quinze . . . . 5 vol. in-8.
Louis Seize . . . . 5 vol. in-8.
Le Collier de la Reine . . . . 11 vol. in-8.
Le Véloce, ou Alger et Tunis . . . . 4 vol. in-8.
La Femme au Collier de Velours . . . . . . 2 vol. in-8.
Les Mille et Un Fantômes . . . . 2 vol. in-8.
Les Mariages du Père Olifus . . . . 5 vol. in-8.
Les deux Diane . . . . 10 vol. in-8.
Mémoires d'un Médecin . . . . 19 vol. in-8.
Le Batard de Mauléon . . . . 9 vol. in-8.
Les Quarante-Cinq . . . . 10 vol. in-8.
La Comtesse de Salisbury . . . . 6 vol. in-8.
Le Chevalier de Maison-Rouge . . . . 6 vol. in-8.
La Fille du Régent . . . . 4 vol. in-8.

A LA MÊME LIBRAIRIE:

OUVRAGES DU MARQUIS DE FOUDRAS.

Un Drame en Famille.	3 vol. in-18.	10 fr. 50
Un Grand Comédien.	2 vol. in-18.	7 »
Un Caprice de Grande Dame.	3 vol. in-18.	10 » 50
Suzanne d'Estouville.	2 vol. in-18.	7 »
Diane et Vénus.	4 vol. in-8.	20 »
Jacques de Brancion.	5 vol. in-8.	25 »
Le Capitaine La Curée.	4 vol. in-8.	20 »
Les Gentilshommes Chasseurs.	2 vol. in-8.	10 »
Un Capitaine de Beauvoisis.	4 vol. in-8.	20 »
Madeleine Repentante.	4 vol. in-8.	24 »
Lord Algernon.	4 vol. in-8.	20 »
Madame de Miremont.	2 vol. in-8.	10 »
La Comtesse Alvinzi.	2 vol. in-8.	10 »
Lilia la Tyrolienne.	4 vol. in-8.	20 »
Le Chevalier d'Estagnol.	6 vol. in-8.	30 »

OUVRAGES DE A. DE GONDRECOURT.

Le Baron La Gazette.	3 vol. in-18.	10 fr. 50
Mademoiselle de Carbonne.	2 vol. in-18.	7 »
Les Prétendants de Catherine.	3 vol. in-18.	10 » 50
Les Péchés Mignons.	5 vol. in-8.	25 »
Le Bout de l'Oreille.	7 vol. in-8.	35 »
Les Derniers Kerven.	2 vol. in-8.	10 »
Médine.	2 vol. in-8.	10 »
La Marquise de Candeuil.	2 vol. in-8.	10 »
Un Ami Diabolique.	3 vol. in-8.	15 »
Le Légataire.	2 vol. in-8.	10 »
La Tour de Dago.	5 vol. in-8.	25 »
Les Aventures du Chevalier de Pampelonne.	5 vol. in-8.	25 »

Impr. de E. Dépée, à Sceaux.

À LA MÊME LIBRAIRIE :

OUVRAGES DU MARQUIS DE FOUDRAS.

Un Drame en Famille.	3 vol. in-18.	10 fr. 50
Un Grand Comédien.	2 vol. in-18.	7 »
Un Caprice de Grande Dame.	3 vol. in-18.	10 » 50
Suzanne d'Estouville.	2 vol. in-18.	7 »
Diane et Vénus.	4 vol. in-8.	20 »
Jacques de Brancion.	5 vol. in-8.	25 »
Le Capitaine la Curée.	4 vol. in-8.	20 »
Les Gentilshommes Chasseurs.	2 vol. in-8.	10 »
Un Capitaine de Beauvoisis.	4 vol. in-8.	20 »
Madeleine Repentante.	4 vol. in-8.	24 »
Lord Algernon.	4 vol. in-8.	20 »
Madame de Miremont.	2 vol. in-8.	10 »
La Comtesse Alvinzi.	2 vol. in-8.	10 »
Lilia la Tyrolienne.	4 vol. in-8.	20 »
Le Chevalier d'Estagnol.	6 vol. in-8.	30 »

OUVRAGES DE A. DE CONDRECOURT

Le Baron La Gazette.	3 vol. in-18.	10 fr. 50
Mademoiselle de Cardonne.	2 vol. in-18.	7 »
Les Prétendants de Catherine.	3 vol. in-18.	10 » 50
Les Péchés Mignons.	5 vol. in-8.	25 »
Le Bout de l'Oreille.	7 vol. in-8.	35 »
Les Derniers Kerven.	2 vol. in-8.	10 »
Médine.	2 vol. in-8.	10 »
La Marquise de Candeuil.	2 vol. in-8.	10 »
Un Ami Diabolique.	3 vol. in-8.	15 »
Le Légataire.	2 vol. in-8.	10 »
La Tour de Dago.	5 vol. in-8.	25 »
Les Aventures du Chevalier de Pampelonne.	5 vol. in-8.	25 »

IMPRIMERIE DE E. DÉPÉE, A SCEAUX (SEINE).

www.ingramcontent.com/pod-product-compliance
Lightning Source LLC
Chambersburg PA
CBHW060929230426
43665CB00015B/1881